「リアルじゃない」を
武器にする
内定獲得ノウハウ86

[完全攻略]オンライン・WEB面接

キャリアコンサルタント
中園 久美子

ダイヤモンド社

はじめに

新しいコミュニケーションの時代

私たちはこれまでの生き方や暮らし方を捨て、新しいスタイルや考え方を受け入れざるをえない変革の時代に突入しました。目に見えない恐怖と戦うこの時代を生き抜くために、新しい環境を受け入れ、その変化に柔軟に対応しなければならなくなったのです。

かつてコミュニケーションといえば、「笑顔で」「手の届く距離で」「会話をする」というのが一般的でした。ところが、現在はマスクの着用が常識となり、私たちがいくら笑顔でいても、その笑顔はマスクに遮られてしまい、笑顔の効果は半減してしまいます。また、いまのように手の届かない距離では、伝えたいこともちゃんと伝わらない気がします。

会話はコミュニケーションの最たる方法なのに、いまや大きな声は厳禁です。ボディランゲージも控えめ、会話は極力控え、向かい合わせではなく一方向で人と接しなくてはいけないなど、以前ではありえない世の中になってしまいました。

このような状況では、よりよいコミュニケーションはできません。とはいえ、そのような新時代の常識を受け入れなければ、私たちはこれからの時代を生き抜くことができないのです。

新しい時代の新しい就職活動

では、このような新しい時代の就職活動はいったいどうすればよいのでしょうか。人と会話をするときはマスクを着用し、アルコール消毒を念入りにする。会話の場では透明な衝立《ついたて》を介し、密室にならない状態で行うこと。もしくはＩＴ機器を使用してのウェブ面接を実施。１年前に想像していなかったことが常識になりつつあるのです。

コロナと共存していく時代、私たちの就職活動、ことに面接のスタイルは大きく様変わりしていくことでしょう。人と直接会うのが難しい時代になりつつある現在、大きく台頭してきた面接スタイルが「ウェブ面接」です。パソコンなどＩＴツールを使ったウェブ面接を取り入れる企業が、いま急速に増加しています。

面接スタイルが変わるのですから、ツールも変わります。ツールが変わるのですから、マナーや常識も変わります。これまでと同じような面接スタイルでは、これからの時代うまくいきません。本書は、新しい時代の面接スタイル「ウェブ面接」で採用されるために、どんなことに気をつければよいか、どんな対処をすればよいかをわかりやすくまとめました。

ITスキルが働き方を変える

私はキャリアコンサルタント以外に、主にＷｏｒｄやＥｘｃｅｌを教えるパソコン講師をしています。また、20年前はインターネットの検索方法やメールの使い方、簡単なホームページ作成などのセミナーも行っていました。かつては、パソコン講座でＷｏｒｄやＥｘｃｅｌといったアプリケーションを学べば、「パソコンの基礎はわかっている」といえました。しかし、現代はこれらのアプリケーションスキルだけでは追いつけない時代なのです。

紙の書類管理からファイル管理へ、データ保存はパソコン内からクラウド内へと変わっています。チャット機能、動画配信、ネットショッピングにネットバンキング、ＳＮＳでの情報発信、ウェブ会議にリモートワーク……。このようにインターネットやネットワークを巧みに活用しなければ仕事になりません。つまり、こうしたネットの使い方ができなければ、仕事ができないヤツと思われてしまうのです。

もしかしたら近い将来、ＩＴ機器を使いこなせないと仕事に就けない時代になるのかもしれません。新しいツールに興味や関心を示し、貪欲に知識を取り入れ、大いにチャレンジする人だけが生き残れるのです。果たしてあなたはどうでしょうか。

面接官が知りたいことは何か

ＩＴ機器を使いこなせる人が生き残れる時代。とはいえ、面接の場で面接官が知りたいことは昔からあまり変わりません。詳しくは本書に書いてありますが、面接官が知りたいことは、ずばり、あなたの「未来の期待値」です。

未来のあなたが、うちの会社の売上のために貢献してくれる。そんなことを期待しながら、面接官はあなたとの面接を待ち望んでいます。あなたの履歴書、職務経歴書、面接といったわずかな情報から、あなたがどれだけ貢献してくれるか、面接官はあなたと会社の未来を予測しなければならないのです。

ということは、面接を受ける側は、面接官にあなたのこと、あなたの未来像をわかりやすく伝えなければなりません。そのためにも、あなたにはウェブ面接をスマートにこなしてほしいのです。本書を参考に、新しい時代の新しい面接のしかたをマスターし、採用を勝ち取りましょう。

目次

第1章 ウェブ面接がうまくいく3つのポイント

第2章

ウェブ面接がうまくいかない本当の理由

第3章 人柄が伝わる見た目にする

第4章 聞きやすい話し方を身につける

第5章

自分の言葉で伝える

第6章

IT機器の基礎知識

第7章 面接に備えてメンテナンスをしよう

第8章

ますます広がるウェブ面接

第1章

ウェブ面接がうまくいく3つのポイント

面接はコミュニケーションの場です。短い時間で、自分の魅力を面接官に理解してもらう必要があります。一方で、面接官がどんな考えを持ち、どんな人材を必要としているかを、これまた短時間で知る必要があります。だから、面接はコミュニケーションの場といえるのです。

これはウェブ面接についても同じです。ウェブ面接だと、相手との距離が相当あります。そのため、ウェブ面接では、お互いわかりづらいように思ってしまうのです。

ところで、これまで直接会っていた面接の場で、面接官に十分理解してもらえるパフォーマンスができていたでしょうか。私たちはウェブ面接になった途端、苦手意識を持ってしまいがちですが、実はもともとコミュニケーション自体が苦手だったのではないかと、自分を振り返る必要があるのです。

もし、苦手だとしたら、これをきっかけに取り組めばよいでしょう。「誰か」や「何か」のせいにするのではなく、まずは自分のこれまでを振り返り、なりたい自分に向けて行動すればよいのです。

1 メラビアンの法則を知っていますか

あなたはメラビアンの法則を知っていますか？　メラビアンの法則とは、「人間は見た目から55％、声の質や話し方から38％、話の内容から7％で第一印象を判断される」という法則です。

話の内容がわずか7％ということを考えると、**第一印象は「見た目や話し方」に大きく左右される**ということになります。

つまり、見た目と声の質や姿勢が面接官に受け入れられれば、ウェブ面接でも採用に大きく近づいたということになるのです。これまでの対面面接では、ドアを開けるところから面接官に見られていました。ウェブ面接の場合は、座ったところからスタートするので、少し気持ちが楽ですよね。

とはいえ、ウェブ面接では、面接の状況が録画されます。話の内容をしっかり録画され

メラビアンの法則

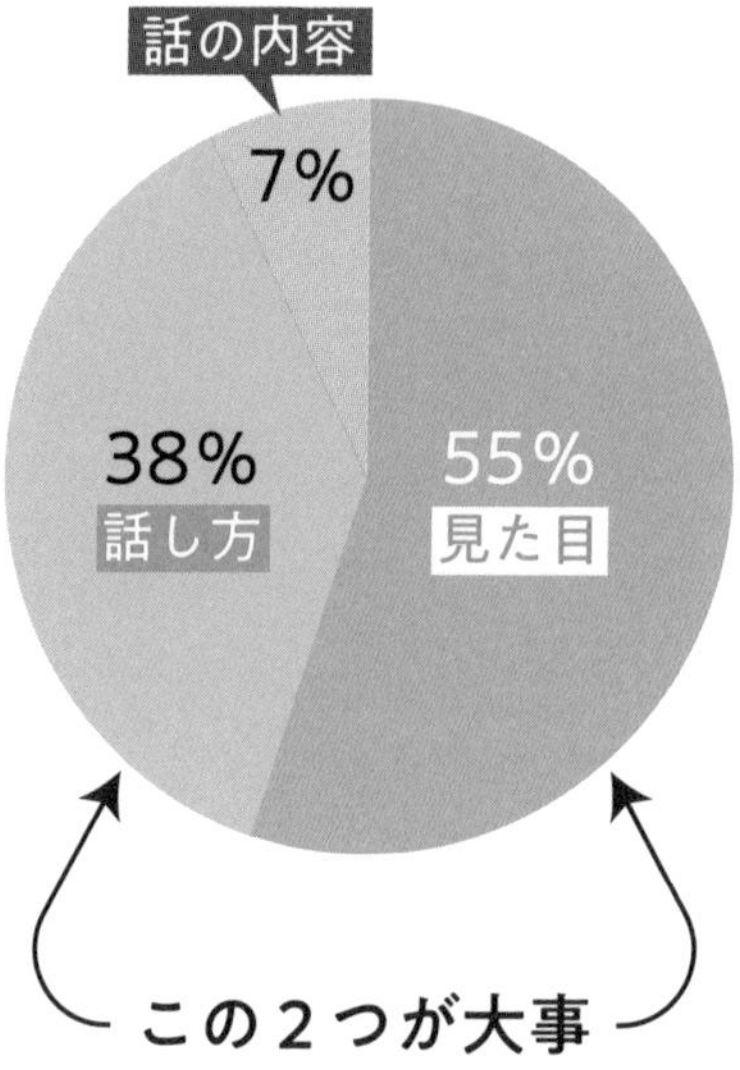

話し手が聞き手に与える影響の割合です。
見た目が一番大きく、次に話し方が影響します。

るので、面接官や面接官以外の人にも、あなたの話は余すところなくチェックされてしまいます。ですので、これまでとは違い、話の内容にもこれまで以上に力を注ぐ必要があるのです。

面接は長くても30分程度です。そう考えると、わずか30分で自分のよいところを伝える**「プレゼンの場」**ともいえます。

そのために押さえておきたいのが、次の３つのポイントです。この３つのポイントを押さえることができれば、ウェブ面接なんて怖いものなしですよね。

①人柄が伝わる見た目にする
②聞きやすい話し方を身につける
③自分の言葉で語る

2

人柄が伝わる見た目にする

私はテレビドラマをよく見ます。ドラマでは、俳優さんの演じるキャラクターがどんな人物や性格で、どんなシチュエーションか、視聴者にわかりやすいように伝える工夫がされています。キャラクターの状況を一番わかりやすく表しているのがそのキャラクターの服装です。

私たち視聴者はその服装から、キャラクターの状況を一瞬で理解します。スーツを着ればきちんとした印象、Tシャツやジーンズはラフな印象、白衣を着れば一目で医者だとわかります。また、洋服の色も重要です。黒はしっかりとした印象、白は爽やかな印象、赤だと挑戦的、青はクールな印象、というように。

服装だけでなく、ヘアスタイルも役柄によって変わります。とくに女性の場合、ロングヘアだと女性らしいと伝わり、ショートヘアだと活発な印象になります。一概には決めつ

服装と髪型で印象は大きく変わる

けられませんが、私たちが服装やヘアスタイルから感じる「印象」は、このようにある程度、固定化されたイメージがあるのです。

では、ウェブ面接では、どのような見た目が効果的なのでしょうか。一言でいえば、「**その仕事ができそうな人**」「**周囲の人とうまくやれそうな人**」になります。そういった雰囲気、見た目であれば、まずはOKといえるでしょう。具体的には、61ページ以降で解説していますので、ぜひ参考にしてみてください。

見た目を変化させることは、実はとても簡単です。なぜなら、あなたが見本にしたい人の洋服や髪型に変えるだけだからです。その会社で働いている人や、あなただったらどんな人とうまくやれそうかなどを考えながら、そういった人の洋服や髪型について具体的にリストアップしてみてはいかがでしょうか。リストアップができたら、あとはそれを真似るだけです。

3

聞きやすい話し方を身につける

みなさんは、面接の場で「声が大きい人は有利だ」と思ってはいませんか？　あるいは、「声が大きい人は元気そうだ」と勘違いしていないでしょうか。

確かに、声の大きい人は元気そうだと思われるかもしれませんが、それが面接の場で有利になるとは限りません。

声の大きさや話し方でもっとも有利な人は、「**相手にとって聞き取りやすい声**」です。やみくもに大きいだけの人は、周囲への配慮が足りない人だと思われてしまいます。そもそもウェブ面接では、大きい声はマイクの音が割れてノイズが発生してしまいます。

それでは、相手が聞き取りやすい声や話し方には、いったいどんな要素が必要なのでしょうか。ひとつに、もともと持っている自分の声のトーンがあるかもしれませんね。通りやすい声、響きやすい声、艶のある声はそれだけで得をしている感じがします。

とはいえ、せっかくの美声でも、それをうまく活用しなければ宝の持ち腐れです。そのためにも、声の出し方、大きさ、話のスピードや抑揚などを身につけるトレーニングが必要になります。アナウンサーも生まれたときから上手に話せているわけではありません。

採用を勝ち取るためには、当然、トレーニングは必須です。どんな話し方をすればいいか、どんなトレーニングが必要か、どうすればいいか気になる方は、第4章からお読みください。

【1分300文字】

これってなんだと思いますか？　この数字、実はＮＨＫのアナウンサーが原稿を読むスピードなんです。実際このスピードで話してみると、意外にゆっくりです。もし、ゆっくりと感じた人は、普通に話しているつもりでも、聞きづらい、わかりづらいと思われているかもしれませんね。面接の場ですから、緊張して早口になってしまうこともあるでしょう。普段から練習をして、落ち着いた話し方を手に入れましょう。

4 自分の言葉で語る

最後は話の内容です。

「はじめに」でもお伝えしたように、ウェブ面接の内容は録画されます。これまでの対面の面接では、何を話したか、どんな内容だったかは、直接担当した面接官がメモなどを残します。そういったものから検証し、二次面接へと進むのです。

しかし、ウェブ面接では、そのようなやり方はしません。録画をしているので、その動画の内容を二次面接担当者や経営者も見ることができます。もちろん、「最終的には直接会ってから」という面接官や経営者もいます。しかし、経営者は忙しいので、録画した動画を自分の都合のよい時間に見る人も増えています。

そう考えると、これまでのような対策だけでは見透かされてしまいます。付け焼き刃のようなトレーニングでは採用されません。そのためにも、質問にすらすらと答えられるよう、用意周到な準備が必要です。

これまで、私も採用面接を担当してきましたが、せっかく用意周到な準備をしてきたのに、とても残念な方がいらっしゃいます。それは、応答を「覚えている」人です。

「えっ？　ちゃんと応答できているのだから、いいんじゃないの？」と思われるかもしれません。確かに、ある意味、用意周到に準備はされています。しかし、応答部分を丸暗記しているなと、面接官にばれてしまいます。そして、丸暗記をした応答では、あなたの伝えたいことは何も伝わらないのです。ですから、「**丸暗記をしない暗記**」をする必要があるのです。

「丸暗記をしない暗記って、どういうこと？」と思われる人は、第5章からお読みください。

5

ウェブ面接がうまくいく もうひとつのこと

ウェブ面接がうまくいくためには、実はもうひとつ欠かせないポイントがあります。「だったら、3つじゃなくて、4つでしょ?」と思われますよね。実は、これら3つの要素を日々トレーニングし続けるには「**メンタル力**」が必要になります。つまり、心が健康であること、心のメンテナンスがベースになるのです。

心を平穏に保ち、いつまでも健康であり続けることは、何もウェブ面接だけに限ったことではありません。そのため、プラスアルファとしてお伝えしたいと思います。

3つの要素を面接日まで日々トレーニングするためには、心だけでなく、体やIT機器などのメンテナンスも必要不可欠です。本書では、そういった日々のメンテナンス方法や心構えなどにも触れています。第7章は、面接だけにとどまらない日々の心掛けといった視点で書いていますので、時間があるときに気軽に読んでみてください。

第2章

ウェブ面接がうまくいかない本当の理由

面接の場でうまくいく人は、とてもリラックスしています。もしかしたら、リラックスしているように見えるだけかもしれませんが（笑）。リラックスするように自分に暗示をかけてでも、リラックスしているように見せることができれば、面接の場はあらかたうまくいきます。それでもうまくいかない場合は、ほかに何か致命的な原因があるのかもしれませんし、そもそも採用条件に達していないのかもしれません。

ここでは、ウェブ面接において、よかれと思ってやってしまいがちな失敗のポイントがないか、一緒に振り返ってみることにしましょう。

1 カメラに映る部分だけを繕っている

ウェブ会議などでよくある笑い話が、上半身はちゃんとした格好だけど、下半身はパジャマといったものです。急に立ち上がって「あれっ?」となる笑い話を聞いたことがあるのではないでしょうか。さすがに面接の場でそんなヘマをする人はいないと思いますが、いかなるときも**服装は見えないところまで気を遣うのが鉄則**です。

実際、映らないからといって、下半身がパジャマだと、なんだか気合も入りません。面接にリラックスは必要だとお伝えしましたが、適度な緊張感も大切です。パジャマ着用レベルのリラックスでは、少なくとも面接は乗り切れません。

また、服装だけでなく、ウェブ面接を受ける部屋全体にも気を配りましょう。

カメラに映るあなたの背景はもちろんですが、それだけでは不十分です。もしかしたら、カメラを動かす場面があるかもしれません。そんなときに慌てないためにも、あらかじめ

映らないと油断すべからず

挨拶のとき思わず立ち上がってしまったら……。

適度な緊張感を持つためにも
きちんとした服装で臨みましょう。

部屋のどこを映してもOKなように整理整頓しておくことが大切です。

実は、私は以前、ミーティングで失敗をしたことがあります。飼っている猫が私の傍らで寝ていたのですが、動かないし映らない場所だったので、ほっておきました。ところが、途中で席を立ったとき、うっかりカメラのコードをひっかけてしまい、カメラが猫にズームイン！　このときは、カジュアルなミーティングだったので、ことなきを得ました。逆に「猫に癒やされた」と感謝されたくらいです。しかし、面接の場面では、そうはいきません。

いずれにしても、何が起こるかわからないということを前提に、映らない部分も念入りにチェックをしておきましょう。

2

カジュアルな服装で面接を受ける

「スーツで仕事をするわけではないので、面接はポロシャツでもいいですか?」

これはウェブ面接に限らず、スーツを着ない仕事に応募する人からよく質問されます。残念ながらNGです。例えば、あなたと同じようなスキルや経験、年齢の人も面接に来ていて、その人がスーツを着ていたとします。あなたが面接官だったらどちらを選びますか?

面接時の服装は、仕事を想定して着るのではありません。面接官に敬意を表するために着用します。ですので、どのような仕事でも、ウェブ面接でも、**基本はスーツを着用**しましょう。

3 マスクをしている

コロナ禍の時代、マスクの着用は必須になりました。対面の面接では、マスクを必ず着用してください。

ただし、ウェブ面接では外してください。マスク着用がだんだん当たり前になってしまうと、いつでもどこでもマスク着用と思ってしまいがちです。また、面接官は複数人で採用業務をすることから、マスクを着用している場合があります。そのため、つい自分も着用しないといけないように思ってしまいがちですが、**ウェブ面接でマスクは不要**です。

とはいえ、どうしてもマスクの着用が必要な環境でウェブ面接をしなければならない場合もあるでしょう。そのときは、あらかじめ担当者の方に事情を話し、了解を得ておきましょう。対面の面接でも、途中で「マスクを外してください」といわれることがあります。そのときに慌てないためにも、化粧はきちんとし、ひげは剃《そ》っておきましょう。

4 カンペを用意している

リアルな面接では、回答用に準備したカンペ（カンニングペーパー）を見ながら面接を受けることはありません。ところが、ウェブ面接では、カメラの向こう側、つまりカメラに映らない壁などにカンペを貼っておき、それを見ながらしゃべろうと思えばできます。

ただし、カンペを見ているかどうかは、すぐにバレてしまうのでご用心を。

ウェブカメラは意外と優秀です。あなたがいま何を見ているかを忠実に映し出します。あなたのふとしたしぐさ、ほんのちょっとした目線も余すところなくカメラは捉えています。

また、あなたが役者でないのなら、残念ながら、**紙に書いた文章を心情豊かに話すことはできません**。いつの間にか棒読みになってしまいます。ですので、そういった付け焼き刃的な対策はしないでおくのが得策です。

メモやカンペはバレている

目線は相手にわかります。
カンペをこっそり見ていると
目線が不自然なので
すぐにバレますよ。

5 スマホでウェブ面接を受ける

初めて持ったモバイルデバイスはスマートフォン。そういう世代をスマホネイティブ世代というのだそうです。そういった若者からすればスマホでウェブ面接をするのも案外抵抗を感じないものなのかもしれません。

実際、ウェブ面接システムでは、応募者側がスマホで簡単に受けられるしくみをすでに開発しています。ですので、スマホで面接を受けることは十分に可能です。

それでも、**スマホでウェブ面接を受けることはあまりおすすめできません**。なぜなら、あなたが面接に集中できないからです。本書の165ページで紹介していますが、スマホを使って面接を受けるには、スマホを固定し、小さな画面で操作ボタンをタップしなければなりません。お使いの回線状況によっては、通信が不安定になり、途切れてしまう場合もあります。そういった意味でも、できればパソコンでのウェブ面接をお願いしたいのです。

　多くの面接官はその道のプロであり、社会人経験も豊富です。応募する仕事にもよりますが、パソコンで面接に臨んでいる人は用意周到で仕事ができそうな感じがします。あくまで「感じ」ですが。

　パソコンで行うと、カメラも固定できますし、有線をつなぐことで通信も安定します。また、パソコンを使用することで、ウェブ面接に必要な資料の閲覧や提出なども行うことができます。今後のためにも、パソコンでウェブ面接を受けることをおすすめします。

　ところで、ｉＰａｄはどうでしょうか。ｉＰａｄの操作はスマホと同等です。画面が大きいので、スマホよりは見やすいし、操作もしやすいでしょう。しっかりと固定ができていれば、ウェブ面接においてとくに問題はありません。スマホと同様に電源やネット環境の安定を確保しておきましょう。

　いずれにしても、パソコンやｉＰａｄで面接を行い、**スマホは緊急連絡の際に使用する**といった使い方が望ましいでしょう。

6 カフェでアクセスしている

たまにカフェで仕事をしていると、隣の席で面接を行っていることがよくあります。そのこと自体さほど驚くことではありません。実際、私もその昔、カフェで面接を受けたことがあります。

問題なのは、ウェブ面接をカフェで受けることなのです。そもそも、いくらマイクの性能がいいといっても、周囲のノイズを拾ってしまい、あなたが想像する以上に、**相手にノイズが聞こえてしまいます**。

また、いくら口元にマイクを近づけて小声で話しても、あなたの声が周囲に聞こえてしまい、周りの人は迷惑です。それだけならまだしも、話の内容が個人情報に関わる場合、うっかり情報を漏洩《ろうえい》しかねません。

いずれにしても、これからの人生を決めかねない大切な面接を、カフェで行うのは即やめましょう。

自宅にインターネット回線がないという人は、ウェブ面接ができるようなレンタルルームやインターネット回線が使用できるホテルもありますので、そちらを利用しましょう。

【WiFi完備のレンタルルームサイト】

・Instabase　https://www.instabase.jp
・SPACEE　https://www.spacee.jp
・SPACEMARKET　https://www.spacemarket.com
・ひとり会議室　https://www.hitorikaigi.com
（2021年3月現在）

7

家族が同時刻にネット接続している

自宅でウェブ面接を行う場合、あらかじめ家族にその日時を伝えていますか？　最近では家族のだれかがオンライン授業を受けていたり、子どもがネットゲームをしていたりして、一斉に回線を使用すると、自宅のインターネット通信は極度に不安定になってしまいます。不安定になると、会話の途中で画面がフリーズしたり、回線が突然切れたりしかねません。

そうならないためにも、家族に日時を伝え、**回線を優先的に使用させてもらいましょう**。

また、**静かに過ごしてもらうこと**、**部屋に入らないこと**など、事情を話して協力してもらいましょう。

週末にウェブ面接はないと思いますが、土日・祝日、夜間などは回線の使用が多くなります。不安定になりがちですので気をつけましょう。

ネットの回線が重くなる

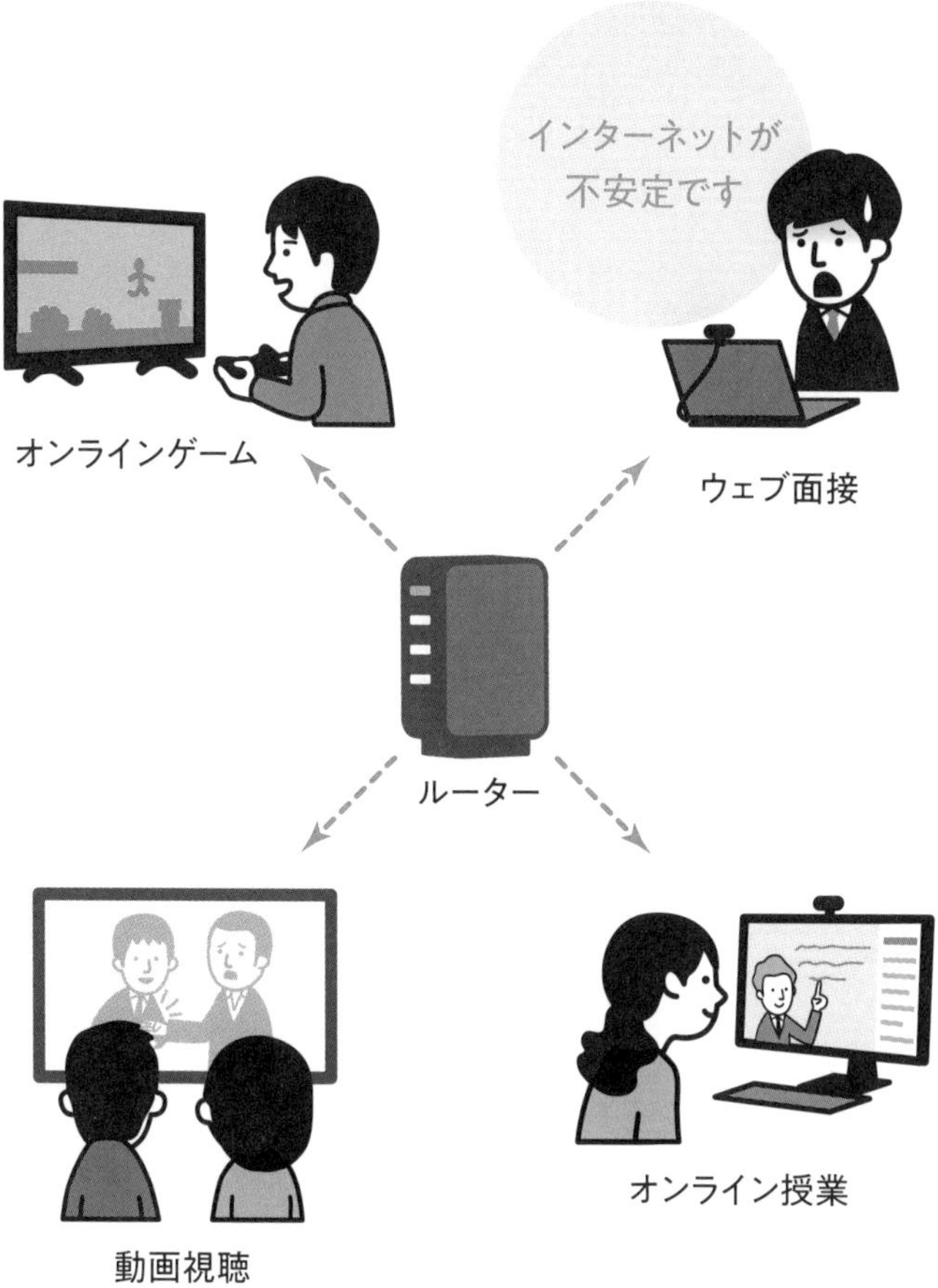

インターネット回線を同時に使うと、通信が不安定になります。
面接のときは優先して回線を使わせてもらいましょう。

8
対面の面接マナーをそのまま守っている

対面の面接では、ドアの開け閉めや立ち姿、座るタイミングなども面接官に観察されています。そのため、いわゆる入退室のマナーを身につける必要がありました。一方、ウェブ面接の場合、いきなり**座った状態から始まります**ので、慣れないとなんだかとまどってしまいます。

挨拶《あいさつ》については、これまで立った位置からの練習をさんざんしてきました。とくに日本人は挨拶を大切にしますから、深々とお辞儀をすることは相手に敬意を払うことだと教えられてきました。ところが、ウェブ面接でこのような深々としたお辞儀をしてしまうと、なんだかちぐはぐな印象を与えてしまいます。

これからはウェブ面接にふさわしい挨拶のしかたを学び、時代にマッチしたビジネスマナーを身につけましょう。

ウェブでは浮いてしまうマナー

深々とお辞儀をしても、画面では全身は映らないので
違和感を与えます。ウェブに合ったマナーを身につけましょう。

9

仮想背景を使っている

すでにＺｏｏｍでウェブ面接を受けたことのある人で、仮想背景を設定していた人はいないでしょうか。

この仮想背景というのはＺｏｏｍにあるとても便利な機能です。自分の背景を好きな写真などに設定することができるというものです。自宅のごちゃごちゃしたところを隠すことができるし、自分を引き立てるような背景にもできるので、つい使いたくなりますよね。でも、これが大きな落とし穴になるんです。

実は、仮想背景を使用することで、パソコンに大きな負担をかけてしまいます。

また、何かの拍子に仮想背景が消えて、隠していた部屋の様子が相手に見えてしまったりするかもしれません。そんなことでソワソワするくらいだったら、**仮想背景は使わない**と決めましょう。

10 パソコン付属のカメラを使っている

最近のノートパソコンには、最初からカメラがついている便利なものもあります。ウェブ面接に欠かせないカメラがついているのはとても嬉しいですよね。

ただ、そのカメラを通して、あなたがどんなふうに相手に見えているのか想像したことがあるでしょうか。第1章で「人は見た目で判断するが55%」とお伝えしました。面接の場ですから、髪型を整え、ひげを剃り、スーツもビシッと決めているに違いありません。女性なら髪型だけでなく、メイクにも時間をかけたことでしょう。せっかくそこまで準備したのに、もしそのカメラが、あなたのよさを100%伝えられないカメラだったとしたら、どうでしょうか。もったいないですよね。もしかしたら、ウェブ面接がうまくいかないのは付属カメラのせいなのかもしれません。

最近は安価で性能のよいカメラがたくさん販売されています。ぜひ、**自分らしさを**

100%伝えてくれるカメラを用意しましょう。

それから、そのカメラはどこについていますか？　ちなみに、私のパソコンについているカメラは、キーボードのすぐ上、画面の下中央部分についています。残念ながら、このカメラを使うと、相手の人には「上から目線」に見られてしまいます。もっといえば、あごのあたりが太って見えてしまいます。そんなカメラは私も使いたくありません。

カメラについては169ページでさらに詳しく説明しますが、あなたのよさをしっかりと伝えてくれるカメラをぜひ使用してください。

【カメラが曇っている？】

カメラに映る自分の顔を事前に確認していますか？　顔は映ってはいるものの、なんだかカメラが曇っていて、うっすらともやがかかっているように映っている人がいます。これは、パソコンやウェブカメラを購入した際、レンズを保護するためのシートがついたままの状態でカメラを使っているからです。しわやシミが目立たなくなるから、これでも悪くないと思うかもしれませんが、このようなシートは事前にはがしておきましょう。はがすときは、レンズを傷つけないようにご注意くださいね。

11 画面に映る面接官を見ている

先ほどのカメラの位置もそうですが、あなたのカメラ目線はとても重要です。

ウェブ面接では、画面に相手の面接官が表示されます。私たちは画面に映っている面接官を見ながら話をしてしまいがちです。そうなってしまうのはしかたありませんが、実はこれが大きな間違いなのです。

カメラが画面上部についている場合、面接官にはきっと伏し目がちなあなたが映っていることでしょう。そして、カメラが画面下についている場合は、面接官を見ていない、上から目線のもっとマズいあなたが映ってしまっています。

これがウェブ面接の難しいところですが、面接官と目を合わせたいのなら、「**画面ではなくカメラを見る**」ことを心掛けましょう。

自分の目線を意識する

パソコンに映る相手を見ていると、目線がまっすぐになりません。
カメラに目線がいくようにしましょう。

12 自分のことだけを話している

続いて面接の内容についてお話ししましょう。

面接ですから、自分のことを話すのは当然なのですが、自分のこと「だけ」を話している人がたまにいらっしゃいます。この「だけ」がついているのとそうでないのとでは大きな違いがあります。

仕事はひとりでするものではありません。ましてや入社したら、周囲の人から仕事のことやルール、それ以外のことをたくさん教わらなくてはなりません。面接での質問の多くは、応募したあなたのことについて問われています。あなたがこれまでしてきた仕事の経験、あなたの強み、自己PRなど。そんなあなたのことを話すのですが、できれば、**これまで一緒に働いてきた周囲の人が見えてくるような話を心掛けてください**。**学生さんの場合は、ゼミやサークルの仲間などです**。そうすることで、あなたの強みやスキルが伝わるだけでなく、**あなたの人間性や人との関わり方、つまりあなたらしさがしっかり伝わります。**

私たちは仕事をするためのただの部品ではありません。仕事は人との関わりのなかで行うもの。そのためにも、**あなたとこれまで共に働いてきた人々があなたの背景に垣間見えるような、そんな応答を心掛けましょう。**

例えば、このようなアピールです。

「私の強みは仕事を効率よく行うことです。仕事の優先順位を考え、無駄な作業が発生しないよう、小さな工夫を積み重ねながら取り組んできました」

さらに周囲の人の情報を加えてみましょう。

「私の強みは仕事を効率よく行うことです。自分の仕事だけでなく、周囲の人の仕事の優先順位も考え、効率よく取り組んできました。例えば、交通費の精算などは、営業の人が忙しくない時間を見計らいお渡しします。また、付箋《ふせん》を貼るなどして見落としがないよう工夫してきました」

13 暗記した通りに話している

本章の4「カンペを用意している」と同様に、紙のカンペがなくても、頭の中にあるカンペ、すなわち一字一句暗記した通りに話す人がいます。そんな伝え方では、面接官に何も伝わりません。伝わるのは「暗記している内容を話しているな」ということだけです。

昔、模擬面接で指導をしていたとき、そんな方がいらっしゃいました。模擬面接ですので、あらかじめ面接官の質問の内容について何を答えるか事前に考えてもらいました。考えてノートにまとめるまではよいのですが、**それを丸暗記した状態で話すので、途端に感情のない応答になってしまったのです**。

しかし、本人は「一字一句間違わずにうまくいえた」と思い込んでいるので、やっかいです。こちらがアドリブで質問を投げかけてみると、用意していないので、グダグダな返答になります。前半でスラスラいえた分、後半のグダグダが目立ちすぎてしまい、結局は悪い印象として残ってしまうのです。

また、丸暗記をしてしまうと、最初の言葉が思い出せず、いきなり無言になってしまいます。あるいは壊れたレコードプレーヤーのように「私の強みは……、私の強みは……」と何度も繰り返すようになります。これでは練習の意味がありません。

153ページでは丸暗記しない効果的な暗記のしかたについて書いていますので、ぜひ気軽にトライしてみてください。

【あなたの視線は読まれている】

ウェブ面接では何も話さなくても、面接官はあなたの視線から次のように心理を読み解いています。一概には決めつけられませんが、自分の視線に注意を払っておきましょう。

・左上を見ている→暗記したセリフを思い出そうとしているな
・右上を見ている→嘘を考えているかな
・左下を見ている→何か迷っているかな、内省しているのかな
・視線がさまよっている→動揺しているな
・目をつぶる→集中できないのかな

14

質問されたことにだけ答えている

あなたは質問したことにだけ答えてはいないでしょうか。もしそうなら、イマジネーション力がないと面接官に思われているかもしれません。

例えば「あなたの強みはなんですか?」と問われたら、なんと答えるでしょうか。「私の強みは○○です」だけだとしたら、もったいない。質問には必ず面接官の意図があります。質問にただ答えるだけでは、表面的に反応しているにすぎません。

面接官はどんな意図でこの質問をしているのだろう? 答えるときに何を伝えれば私を採用してもらえるだろう? そんなことを常にイメージしながら応答しなければ、採用にはいたりません。表面的な応答ならAＩのほうがはるかにうまいといえるでしょう。

常に敏感にアンテナを立て、どんな応答が効果的かをイメージしましょう。

15

面接官に質問をしている

面接の最後の質問は、「最後に何か質問はありませんか？」です。

あなたからの質問を促していますが、この質問の応答については重々気をつけてください。

この質問は、面接官の最後の質問です。ということは、つまり「もうそろそろ面接を終わりにしますよ」という合図でもあるのです。ここからまた新たな第2ステージが始まるわけではありません。それなのに、面接官が調べないとわからない質問や気になる質問など、やっかいなことを聞いてしまっては、これまでの努力が水の泡になります。

それに、あなたもここまでの緊張で相当疲れていることでしょう。ここでは、**お互いよいイメージを保ちながら終わるような質問をしましょう**。質問例については152ページをご参照ください。

第3章

人柄が伝わる見た目にする

第1章で、人は見た目の印象が大切というお話をしました。とくに面接の場では、たった30分程度の短い時間で、自分の人となりを伝えようとするのですから、見た目のインパクトはとても大切です。

もしあなたが、何もいわずに自分らしさを伝えようとするなら、見た目にどんな工夫を凝らしますか？　私たちは見た目で多くの情報を相手に伝えています。見た目で、ぜひ自分らしさを表現してみてくださいね。

1 男性の服装とヘアスタイル

カメラに映らない下半身にも気を配ることについては、第2章でお伝えしました。ウェブ面接でもスーツが基本ですが、ここでは服装やヘアスタイルについて具体的にお伝えしたいと思います。

男性の場合、黒か紺かグレーのスーツが基本です。ストライプなど柄ものは避け、無地のスーツを選びましょう。ワイシャツは白。下着のことまでとやかくいいませんが、ワイシャツの下に着ている下着やTシャツの柄や色が透けている人がいます。ワイシャツの表面への映り込みをなくすためにも、ワイシャツの下も白と決めておきましょう。

スーツもいろいろありますが、スーツ専門店の販売員にコーディネートしてもらうのが一番です。面接に向くスーツを選んでもらいましょう。

ネクタイは夏でも着用します。色は落ち着いたブルーや紺など、すっきりしたイメージ

男性の服装とヘアスタイルのポイント

のネクタイがよいでしょう。派手な赤や黄色、柄物などは避けましょう。極端に細いネクタイ、ループタイ、蝶《ちょう》ネクタイは面接の場では避けましょう。

男性のヘアスタイルですが、爽やかで仕事ができるイメージを心掛けましょう。とはいえ、具体的にどうすればいいかわからないときは、あなたが応募する会社に勤めている人を観察したり、同じような仕事のドラマを観て「素敵だなぁ、かっこいいなぁ」と思う人の髪型を真似てみたりするといいですね。

ひげは剃ります。アクセサリーはすべて外しておきましょう。

【メガネで変身】

メガネはなりたい自分の姿に変身できる優れモノのアイテムです。

- 銀ぶちメガネ→知的で頭のよい印象
- 黒ぶちメガネ→仕事ができるクールな印象
- ふちなしメガネ→優しい柔らかい印象
- ブロータイプ→真面目で大人っぽい印象
- フォックスタイプ→都会的できりっとした印象

2 女性の服装とヘアスタイル

女性の場合も、基本はスーツです。あるいは、ブラウスにジャケットでもいいですね。いずれにしても、面接官に敬意を示すために、きちんとした服装にしましょう。

男性同様、色は黒、紺、グレーがよいでしょう。シンプルで品のあるデザインや質感のあるものを選択しましょう。

インナーに着るブラウスやシャツは、こちらも男性と同様に白色をチョイスします。オフホワイト、ベージュなども許容範囲です。薄いピンクや薄いブルー、薄いグレーなども悪くはありませんが、あまり華美にならず、あなたらしさが引き立つ服装を選びましょう。

女性のヘアスタイルですが、こちらもスーツに合うヘアスタイルを心掛けましょう。すっきりとまとめ、耳や額が見えるヘアスタイルは知的に映ります。

ヘアカラーは黒か暗めの茶色がよいでしょう。

女性の服装とヘアスタイルのポイント

□耳や額が見えるスッキリとした髪型
（ロングヘアはひとつにまとめる）
□女性アナウンサーのような明るめのメイク
□ブラウスは白やオフホワイト、ベージュなどの薄い色
□小さなアクセサリーは可
□ネイルはしない or シンプルなオフィスネイル
□黒、紺、グレーのスーツ
□シンプルなデザイン or 無地

ロングヘアはひとつにまとめ、仕事ができる雰囲気を醸し出しましょう。前髪が長い人は、目元が隠れないようにヘアスプレーで整えておくといいですね。

メイクはカメラ映えするように心掛けましょう。健康的で明るい雰囲気のメイクがいいですね。女性アナウンサーやニュースキャスターを参考に、**知的で凛《りん》とした雰囲気、明るくはつらつとした印象**になるように心掛けましょう。

アクセサリーですが、小さなものはＯＫです。じゃらじゃらとした存在感のあるアクセサリーは外しておきましょう。

指輪についても同様です。ウェブ面接で手元がクローズアップされることはあまりないですが、無意識に手が顔に触れる場合もありますので、ネイルもシンプルなオフィスネイルにとどめておきましょう。

3 リアクションは大きめにする

ウェブ面接では、カメラ越しに面接を行います。そのため、あなたがどんなことを思い、どんなことを感じているか、四角いフレーム越しでしか面接官は知ることができません。また、面接官にあなたの表情がどれくらいの大きさで見えているのか、あなたからは知る由もありません。

そのため、表情やうなずきなどの動作を普段通りにしていると、あなたの思いが面接官に伝わらない場合があります。そのような状況にならないためにも、**ウェブ面接ではオーバーリアクション**を心掛けましょう。

とくにうなずきのリアクションを大きくするだけでも、かなりの効果があるので、すぐに取り入れてみてください。**いつものうなずきから5センチ深くうなずくと効果的です。**

いつもより大きめに反応する

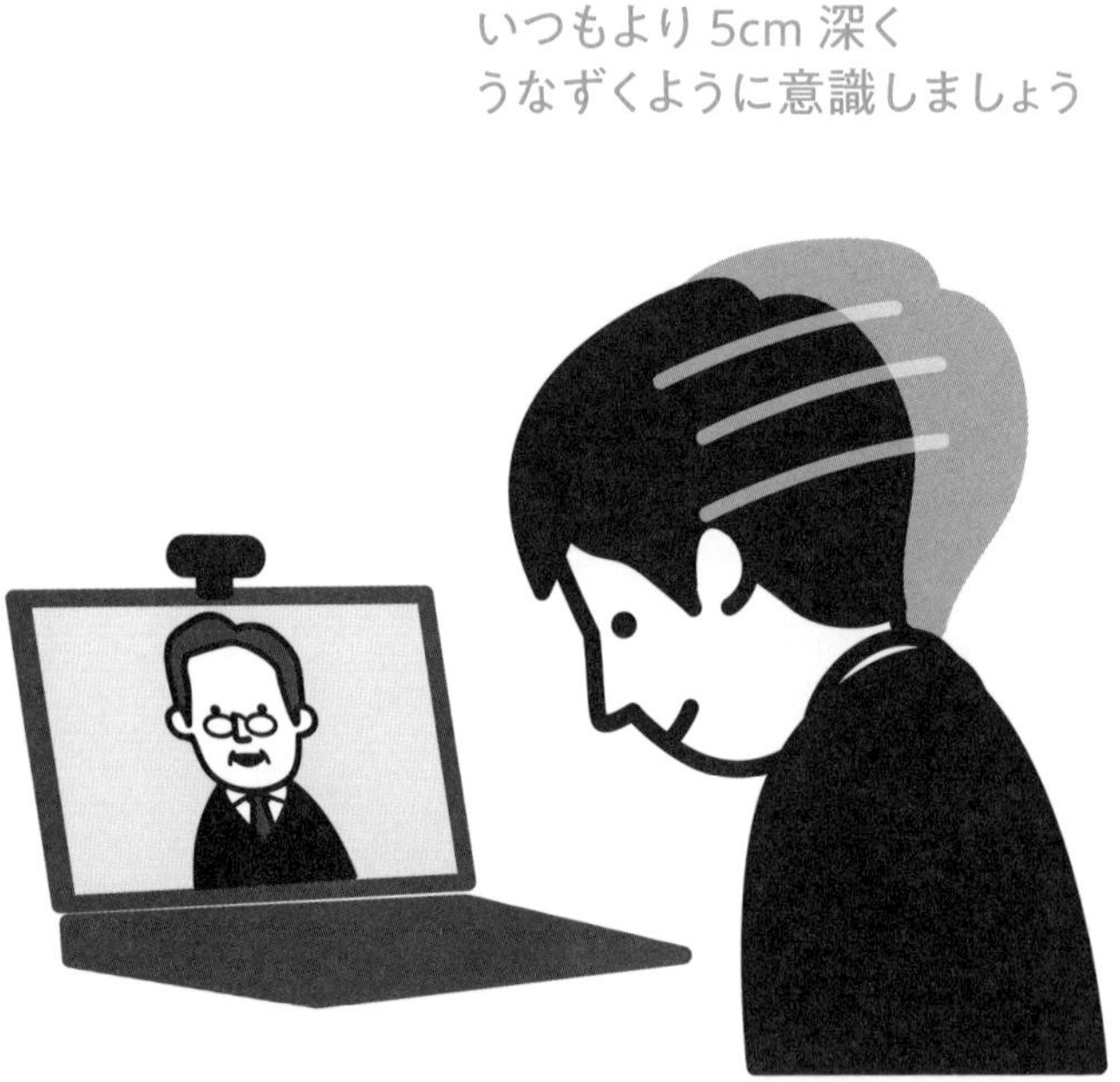
いつもより 5cm 深く
うなずくように意識しましょう

4

背筋を伸ばして座る

ウェブ面接は、対面の面接と違って、自宅で行うケースがほとんどです。そのため、どうしても体がリラックスしてしまい、つい椅子に深く腰かけてしまいがちです。

面接の緊張感を保つためにも、**椅子に浅く腰掛け、背筋を伸ばしましょう**。

背筋が伸びるだけで、凛とした印象が画面越しに伝わります。あらかじめ椅子に座って高さを調整したり、ほかの椅子に変えるなどして、長時間、背筋を伸ばして座れる準備をしておきましょう。

従来の面接でもそうですが、椅子の座り方はとても重要です。

以下のポイントに気をつけながら、最低30分はキープできるように日々トレーニングを続けましょう。

座り方のポイント

この姿勢を30分キープしよう

□背筋を伸ばす
□背もたれとの間に
拳ひとつ分あける
□へその下に
重心を置く
□足は床につける

背筋を伸ばした椅子の座り方トレーニング

①背もたれにもたれない

②足は床につける

③背もたれとの間に拳ひとつ分の間をあける

④へその下あたりに重心を置く

⑤椅子に座るたびに、①~④の姿勢を1分間チャレンジする

⑥1分間チャレンジの時間を徐々に延ばす

5

あなたを引き立てる背景にする

第2章でもお話ししたように、Ｚｏｏｍの仮想背景はとても便利ですが、少しリスクを伴います。そのため、仮想ではない背景を事前に整えておくことをおすすめします。

ところで、あなたの自宅の壁は何色ですか？　**白や薄い色の無地の壁なら、ウェブ面接の背景で十分使用できます**。一度、スマホのカメラを通して、自分の背景にふさわしいかどうか確認してみましょう。もし、不要なものが映り込む場合は、あらかじめ取り除いておきましょう。

白や薄い色といっても、障子や襖《ふすま》は避けたほうが無難です。生活感が一気に伝わってしまうからです。どうしても生活感が出てしまう場合は、179ページをご参照ください。

6

明るい表情に見せる

服装と同様に大切なのが、あなたの表情です。**明るい笑顔は見た目に大きな影響を与えます**。ここでは、いつでも素敵な笑顔になれるよう、中園流の笑顔のトレーニング方法を記載しました。簡単で効果的な笑顔をぜひ身につけましょう。

また、その笑顔がしっかりと面接官に伝わるよう、**照明にも気を配りましょう**。照明については170ページを参考にしてください。

対面でもウェブでも、面接における最高の武器は、あなたの「笑顔」です。とくにウェブ面接では、面接官との距離感が半端ないほどありますので、対面以上に笑顔の力が重要になります。

面接は何かと緊張しますし、質疑応答に集中していると、いつのまにか表情から笑顔が

笑顔のトレーニングをする

①頬骨の1cm下に指をあてる

②指で軽く押し上げる

③指を離してそのままキープ

消え去ってしまいます。つくり笑いではない、自然な笑顔になるよう練習を続けましょう。

最高の笑顔をつくるトレーニング

①両方の頬骨の1センチ下にそれぞれ人さし指をあてる
②指で軽く押し上げる
③指を離して頬骨はそのままキープ
④1日1分の練習からスタートし、毎日1分ずつ時間を延ばす

7 上から目線をなくす

あなたが面接に臨むとき、面接官に対して上から目線で臨むことはないと思います。とはいえ、ウェブ面接の場合、第2章でもお話ししたように、カメラの位置によっては、ご自分の思いとは裏腹に、上から目線に伝わることがあります。

いまお使いのウェブカメラは、どこにあるでしょうか。あなたがそのカメラを見るとき、視線はどうですか？

少なくとも**カメラの位置はあなたの目と同じ位置に設置**しないと、あなたの思いに反して、上から目線で話をしていることになります。カメラと同じ位置、もしくは少しカメラを見上げるくらいがちょうどいいとされています。

少し見上げることで、あなたの目も大きく映りますよ。

自分の目線を意識する

✕	○
カメラが下にある場合	カメラが正面にある場合

相手からは、上から目線のように見えてしまう	カメラは目と同じ位置かやや上にあるくらいがちょうどいい

8

お辞儀は深々としない

対面での面接マナーとウェブ面接でのマナーの一番大きな違いは、ウェブ面接ではドアの開け閉めがないということです。

ウェブ面接では、カメラの前に座ったままからのスタートになります。ドアをノックして、お辞儀をし、「失礼します」と挨拶する、といった面接での一連の作法は必要なくなるので、少し気持ちが楽ですね。

しかし、カメラの前でこれまでのように深々とお辞儀をしてしまっては、あなたの好印象が台無しです。深々と挨拶をしてしまうと、あなたの後頭部を見せてしまいます。

以下に、ウェブ面接で爽やかに映るお辞儀のトレーニングをご紹介します。自分がアナウンサーになったような気持ちになって、爽やかな印象のお辞儀をしましょう。

ウェブでのお辞儀のポイント

ただし、ゆっくりとした動作をするように

最高のお辞儀をするトレーニング

①背筋をピンと伸ばす

②笑顔を添えて「よろしくお願いします」と挨拶をする

③尾てい骨から10度ぐらいの角度に身体を傾ける（10度とは、視線がカメラから画面に下がる程度の角度のこと）

④「1」で傾け、「2」で停止、「3、4」でゆっくりと元に戻す

※角度は通常の挨拶よりも浅いですが、**ゆっくりと動作をすることで丁寧さが伝わります。**

第4章

聞きやすい話し方を身につける

見た目の次に相手にインパクトを与えるのが、話し方です。

話す内容が同じでも、高い声や低い声、話すスピードによってはその伝わり方もまったく違ってきます。

また、普段はゆっくりと余裕をもって話ができていても、面接といった普段と違うシチュエーションになると、声が上ずったり早口になってしまって、あなたの伝えたい印象が伝わらない場合があります。

ここでは、ウェブ面接で身につけておきたい話し方のポイントについてお話しします。

1

ワントーン高めの声を出す

あなたの声のトーンは、高いほうですか？　それとも低いほうでしょうか？

もし、低い場合は、**ワントーン高めの声で話す**トレーニングをしてみるといいですね。

私自身、どちらかというと低いほうなので、意識しないと高めの声を出せません。低い声は落ち着いた印象を与えることもできますが、ウェブ面接の場で、はつらつとした印象を与えようと思うと、少し伝わりづらいかもしれません。

また、ウェブ面接の場合、マイクを通して面接官に伝わりますので、いつもよりワントーン高めのほうが面接官の心に響きます。

マイクを使うと、対面のように声を張ることはしないので、ぼそぼそとした声色で伝わる可能性があります。そういったぼそぼそ感をなくすためにも、いつもより高めのトーンでお話しすることをおすすめします。

ここでは、普段の声のトーンから少し高めのトーンを出すためのトレーニングをしてみましょう。大事なのはイメージすることです。

高めの声で話すトレーニング

①背筋をまっすぐにする

②口を大きくあけ、目の前の人に声のボールを投げるイメージで「あ～」と声を出す（いつものトーン）

③次に、頭の上から声のボールを相手に投げるイメージで「あ～」と声を出す（このときに出るのがワントーン高い声）

④その声で、面接の応答の練習を1分行う

⑤1日に1分ずつ練習時間を増やしていく

高いトーンを出すイメージ

頭の上から
声のボールを
投げるイメージ

目の前の相手に
声のボールを
投げるイメージ

2

ひと呼吸おいてから答える

ニュース番組の衛星中継などで、音声が少し遅れ気味のやりとりを見たことがあるでしょうか。昔、腹話術師のいっこく堂さんが「こえが……おくれて……とどくよ……」と、その状況を真似していたことがありましたね。

ウェブ面接では、インターネット回線を使用して会話をしますが、実は私たちの声が相手に直接届いているわけではありません。それは携帯電話で通話するときも同様で、「本人の声によく似た声」を相手に聞かせています。

限りなく本人の声に近いけれども、厳密には機械の中でつくられた声を届けているのです。そのため、回線が遅かったり、電波が伝わりにくかったりする環境の場合、時差が生じ、声が遅れて伝わってしまいます。

いずれにしても、対面の場と違って、面接官とはるかに距離があることを踏まえ、**質問**

と応答の間にひと呼吸おくと、会話がスムーズに進みます。

タイミングをとるのが難しいときは、「志望動機はなんですか？」「はい（ひと呼吸）志望動機は……」というふうに、「はい（ひと呼吸）」とリズムをつけると話しやすくなります。このときのひと呼吸は1、2秒程度にとどめておきましょう。

【沈黙を怖がらない】

普段の会話でもそうですが、会話が途切れるとちょっと緊張しませんか？　とくに面接の場では質問がどんどんきますから、急いで答えなきゃと思うのも無理はありません。そう思えば思うほど、あせってしまい、心にもないことをしゃべってしまったり、記憶を辿ろうと視線があっちこっちに飛んでしまい、結果としていつもと違うあなたが印象づけられてしまいます。

そうならないためにも、**沈黙を怖がらず、落ち着いて自分の考えをまとめましょう**。落ち着くためにも、**「呼吸を整える」**ことはとても効果的です。

3 抑揚をつける

「抑揚」とは、文字通り会話の調子を上げたり下げたりするものです。話に抑揚があると、臨場感や感情がよく伝わります。

では、抑揚がない話し方だと、何が伝わるでしょうか。

相手には、無機質で感情の起伏がない、冷たい、自分で考えていない、誰かにいわされているかのような印象が伝わります。あくまで印象ですが。**面接での応答は、抑揚をつけた会話を心掛けましょう。**

あなたが抑揚をつけようと心掛けていても、うまくいかない場合があります。それは、覚えたことを一字一句話そうとする場合、書いたものを読んでいる場合、事務的に答えている場合、本当の思いとは違うことをいわされている場合です。そんなとき、あなたは抑揚のない平坦《へいたん》なしゃべり方になります。

質問についてどう答えるか、あらかじめ準備しておくのはよいことですが、丸暗記をして棒読みにならないように気をつけましょう。丸暗記した内容をいくら一生懸命話しても、面接官にあなたの思いはまったく伝わりません。

【アリストテレスの掟】

古代ギリシャの哲学者アリストテレスによると、人の心に訴えるためには3つの要素が必要なのだそうです。

①**エトス**：エトスは人柄や信頼性のことです。「この人のいうことは信頼できそうだな」と思ってもらうことで、面接官はあなたの話を聞いてくれます。

②**パトス**：パトスは感情に訴えかけるということです。ウェブの場合、いつもより感情豊かに、**抑揚をつけて語る**必要があります。

③**ロゴス**：ロゴスは論理的な話の内容のことです。質問の意図とずれない答え、矛盾のない話をすることで、面接官はあなたのことを理解できるのです。

4

30秒以内で話をまとめる

あなたは、面接での質問に対して、どれくらいの時間で応答していますか?

結論からいうと、**5秒だと短すぎ、30秒以上だと長すぎです**。

5秒という人は、質問に対して、表面的な回答をしただけにとどまっています。例えば、「あなたの強みを教えてください」に対して、「はい、私の強みはコミュニケーション力です」だけだと、職務経歴書やエントリーシートにすでに書いてあることと変わらないので、せっかくの面接なのに何も伝えていないことになります。

面接官が知りたいのは、具体的な強みの内容やその強みをわが社でどう活かせるのかということです。運よく、面接官がそのような質問をしてくれればいいですが、別の質問に移ってしまえば、自分の強みについては表面的なことしか伝えられません。

一方、30秒以上も滔々《とうとう》と話す人は、もっと深刻です。話をまとめる力がない人、自分のことばかりで聞き手の状況をわかっていない人、という判断をされます。

とくに、自己ＰＲが長すぎると、だんだん自慢話のようになり、聞いている面接官もへきえきしてしまいます。事前にどのように応答するかの準備は大切です。過不足なく伝えられるようにしましょう。

【30秒以内で話をまとめるには】

普段から「話が長い」と感じている人は、一度、**自分の会話を録音してみる**ことをおすすめします。なぜなら、自分の会話を聞くことで、改善点を見つけることができるからです。自分がどんな言葉をチョイスし、どの順番で伝えているのか客観視することで、会話全体をコントロールする力を身につけることができます。

さらに力をつけるためには、**文字に起こしてみる**とよいでしょう。いわなくても話が通じる言葉を消去していくうちに、一番何を伝えればよいかが理解できるようになります。少し時間はかかりますが、必ず身につきますのでチャレンジしてみるとよいですね。ただし、録音をする際には、相手の人に録音することをあらかじめ断っておきましょう。

5

「結論→理由」の順番で話す

相手が聞き取りやすい話し方は、「**結論→理由の順番で話す**」ことなのをご存じでしょうか。この順番は、ビジネスの現場では当たり前のこと。上司に報告をするときは、「結論→理由」の順番で話すのが鉄則です。

晴れて採用されたら、あなたはその会社でまず下っ端からのスタートになります。もしかしたら、仕事の報告をすることが一番多いかもしれません。面接の場で「結論→理由」で話せない人は、「仕事ができない人」と思われてしまいます。

先ほどの例でいうと、「私の強みはコミュニケーション力です」は結論になります。自分の強みを話すとき、結論だけでは説得力がありません。そのため、理由を追加すれば説得力がぐっと増すのです。

「私の強みはコミュニケーション力です。なぜなら、これまでお客様をはじめ、多くの取引先の方とお話をする機会があったからです。そのなかで、相手の気持ちに寄り添い、円滑な人間関係を形成することが、会社の利益にもつながるのだと感じました。これからも、コミュニケーション力を活かし、御社のために頑張りたいと思います」

いかがでしょうか。ここまでいえると、中身のある応答になりますね。

・「仕事で大切にしていることを教えてください」を「理由→結論」で答えた場合

「これまで、締め切り間近の仕事で忙しいときも（いったい何の話をしているのかなあ）、仕事の進捗《しんちょく》を共有し合いました（共有が大事だといいたいのかしら）。周りの人にも助けられてきました（周りがすごいということ？）。ですので、大事にしていることはチームワークです（あぁ、チームワークね）」　※青色は面接官の心の声

・「仕事で大切にしていることを教えてください」を「結論→理由」で答えた場合

「私が仕事で大切にしていることは、チームワークです。なぜなら、これまで周りの人に助けられ、ピンチを乗り越えてこられたからです。例えば、締め切り間近の忙しい時期も、仕事の進捗を共有し合い、チャットで励まし合いながら進めてきました。おかげでチームの結束も固まり、仕事の質も向上しました」→面接官にストレートに伝わります

6 マイクの使い方をマスターする

ウェブ面接では、ＩＴ機器や、それに付随するさまざまなツールを使用します。なかでもマイクはとても重要です。なぜなら、あなたの発言をしっかりと相手に届けるアイテムだからです。

マイクの選び方や具体的な使い方については第6章をご参照いただきたいのですが、ここではマイクを使用するときに注意すべきポイントについてお話しします。

①息がかからないようにする

マイクに口や鼻からの息がかかると、とても聞き苦しくなります。「ざわ～、ざわ～」とノイズ音が激しくなり、それ自体が気になって話が耳に入ってきません。そうならないためにも、あらかじめ**息の音がかからないようにマイクの角度を調節**したり、口までの距離を調整しておきましょう。

興奮すると、息も荒くなるため、常に冷静な状態でウェブ面接を受けられるように、気持ちも整えておきましょう。

②声が割れないようにする

声の大きさの調整は重要です。大きすぎると声が割れてしまい、いったい何をいっているのかわからなくなります。**自分の声の大きさとボリュームコントローラーのバランスをあらかじめ調整しておきましょう**。

ウェブ面接の最初に、「私の声は届いておりますでしょうか?」「私の声は聞きやすいボリュームですか?」と率直に尋ねるのもよいかもしれませんね。

7 話すスピードはミラーリングで

面接が始まったら、終始、笑顔で面接官の質問に応答します。そのとき、**面接官のスピードに合わせて応答する**ことが大切です。

相手に合わせて応答することを「ミラーリング」といいます。

相手と話すスピードやトーンが同じだと、私たちは無意識に好感を覚えます。ですので、面接官よりも早口になったり、質問の意味を考えすぎて沈黙の時間が極端に長くなったりして、テンポのかみ合わない会話にならないよう気をつけましょう。

とはいえ面接の場ですから、面接官によっては、ぶっきらぼうな人もいれば、無表情で質問をする人もいるかもしれません。そこをミラーリングしても意味がありません。

できるだけ「**テンポのよい会話**」「**楽しい話でわきあがる雰囲気**」を心掛けるようにしてください。

第5章

自分の言葉で伝える

さあ、いよいよウェブ面接の内容です。第1章でもお伝えしたように、ウェブ面接の内容は録画されます。録画されるということは、面接官はあなたの話を何度でも聞くことができるのです。そのため、これまで以上に内容を吟味し、伝えたいことをわかりやすく、かつシンプルに伝える必要があります。

ここでは、よくある質疑回答集ではなく、自分の言葉で伝えるための文章の基本メソッドをお話しします。面接での回答をマスターするために、「事例」を覚えるのではなく「構造」を学ぶことで、あらゆるケースに対応できるようになります。

実際、この方法をお伝えするだけで、これまで自分の言葉で伝えることに自信がなかった人が、見違えるように堂々と話せるようになりました。それでは一緒に始めましょう。

1

よく聞かれる質問①

「志望動機を教えてください」

志望動機は面接官がもっとも気にする部分です。この志望動機を堂々と語れないと、ほかの回答がうまくいったとしても、おそらく採用にはならないでしょう。それほど、**志望動機は面接において重要なのです**。

ここでは2つのパターンをご用意しました。

ひとつが「**あなたの強みから語る志望動機**」です。

面接官は、あなたの強みがどのように職場で活かせるかを知りたがっています。自分の強みは何か、それをどう活かせるかを訴えましょう。

ふたつ目は「**あなたのコミットメントで語る志望動機**」です。

あなたがその会社に入社したら、どのようにしたいですか？　自分ならではのビジョンと、あなたの熱量を伝えましょう。

2

あなたの強みから語る志望動機

あなたの強みはなんですか。その強みをどのように活かしますか。

私たちが志望動機で伝えなければならないことは、これまでの職務経験や学生生活のなかで培ってきた「強み・能力」を志望する会社でどのように活かすか、です。ここでは、あなたの強みのうち、**面接官にいちばんヒットしそうなキーワード**をポイントに置きます。

ステップ1 「私はこれまで□年間□□の仕事をしてまいりました」

最初の一言目では、あなたが社会人になってから今日まで、**どんな仕事をどれくらいしたか**を語ります。学生の場合は、サークルやゼミなどで、**どんな役割をこなしてきたか**を語ります。つまり略歴です。

面接では残念ながら、あれもこれも伝えられないので、多種多様な経験をしてきた場合でも、応募した仕事に一番近いと想像できることについて語ります。年数については、実際に従事した年数を合計し、端数の月数は1年と換算しておきます。

ステップ2 「そのなかで、とくに□□というスキルを身につけました」

次は、これまでの仕事のなかで身につけた汎用的能力（どこに行っても役に立つ能力）をひとつだけ語ります。欲張ってはいけません。**面接官に一番フィットしそうな能力**を吟味し、そのキーワードを伝えます。

ステップ3 「例えば、□□□□」

先ほど、あなたの一押しの能力キーワードを面接官に伝えました。次の段階では、そのキーワードの意味を具体的に伝えます。

私たちは同じ日本人でも、同じ言葉を同じ意味に捉えることはありません。曖昧《あいまい》なキーワードであればあるほど、もう少し具体的な説明が必要なのです。具体的なエピソードを語ることで、上辺だけではないあなたの魅力が伝わります。

ステップ4 「その能力を活かし、御社で□□といったことで貢献したいと思い、志望いたしました」

最後は、その能力を応募先の企業でどのように活かしたいかを語ります。実際はまだ働いていないので、ここは想像でしか語れません。しかし、**その想像力が面接官の心を動かします**。

あなたなら、自分自身をどのように活かしますか？　あなた自身があなたの活躍をイメージできなければ、あなたはそれ以上に活躍できないでしょう。

〈事例〉

【事務の場合】

私はこれまで10年にわたり事務業務に携わってきました。そのなかでとくに周囲への気配りを心掛けてきました。周囲の人の仕事がはかどるように、笑顔を絶やさず「手伝いましょうか」と声かけしながらコミュニケーションを図りました。これからもその能力を活かすことで御社に貢献したいと思い、志望いたしました。

【営業の場合】

私はこれまで、15年間一貫して営業マンとして働いてきました。そのため、コミュニケーション力や折衝力については自信があります。これまでも、最初はクレームを訴えていたお客様が、最後は「あなたから買うよ」といっていただくまでになり、粘り強くお客様に接していたことが実ったのだと思います。御社は、ひとりひとりのお客様への対応をとても大切にしておられると聞きます。私のこれまでの営業の姿勢が、御社の方針と同じだと思い、志望いたしました。

【販売の場合】

私はこれまで、店舗の販売員として働いてまいりました。そのため、接客の心得やお客様への関わり方については十分に身につけてきたといえます。ここ数年は新人の教育も任されましたし、みな好成績をあげてきました。私はもともと、御社の商品のユーザーでしたが、これからはその商品のよさをお客様にお伝えするだけでなく、将来は販売員の教育にも携わりたいと思い、志望いたしました。

【新卒学生の場合】

私はこれまで、大学のラグビー部に所属していました。日々、体力づくりのためにハードなトレーニングも行ってきました。そのため体力には自信があります。これまではグラウンドを駆け回っておりましたが、今後は日本全国を駆け回り、粘り強く営業を行っていきたいと思っています。御社の製品を手に取ってもらい、そのよさを全国のみなさんに実感していただきたいと思い、志望いたしました。

【定年後再就職の場合】

私はこれまで、商事会社で38年間勤めてきました。そのなかで人事労務関係の仕事に20年携わりました。社内に託児所を設けるなど女性の働きやすい環境づくりにもチャレンジしてきました。御社に入りましたら、若い人と一緒に、この業界を盛り上げていきたいと思い、志望いたしました。

3

あなたのコミットメントで語る志望動機

あなたはその会社に入ったら何をしたいですか？

「えっ？　求人票に書いてある仕事をするに決まってるだろ」

もちろんそうなのですが、その仕事をすることで、何をしたいのでしょうか。ちょっと禅問答みたいですね。

仕事をする意味は人によって違います。生きていくため、お金のため、家族のため、かっこいいから、モテたいから、憧れの仕事だから、自己実現、世の中のため……。仕事として与えられたことをするのは当然ですが、あなたにとっての仕事の意味や、その仕事のさらに先にあるものを語れると、とても説得力があります。

与えられた仕事をするのは当然のこと。その先にある目的やビジョンが大きければ大きいほど、面接官はあなたに期待します。

ステップ1 「私はこれまで□□を行ってきました」

最初は、応募先企業とあなたの接点は何か、あなたと企業とのつながりを、これまでの業務を交えて伝えます。

ステップ2 「私は□□について興味を持っています」

あなたにとって興味あること、あなたと応募先企業の接点の理由について語ります。ここは、あなた自身の独自の視点になります。あなたならではのこじつけでかまいません。そして、応募先企業に入る必要があることを熱く語ってください。

ステップ1とステップ2は一体となってもかまいません。

ステップ3 「私が御社に入ったあかつきには□□をしたいと思います」

あなたが応募先企業に入社したら何をするかを堂々とコミットメントしてください。ここは自信を持って伝えないと、口先だけになってしまいます。熱く思いを伝える姿勢もまた大事なポイントです。

ステップ4　「そのためにも、□□をしたいと思い、志望いたしました」

熱く語るだけだと、夢見る夢子ちゃんで終わってしまいます。そのため、現実的なラインとして、あなたが入社後にどうするか、どんなふうに働くかを具体的に語ります。

〈事例〉

【経理の場合】

私はこれまでの経験から、経理業務をはじめとする数字を扱う業務を得意としてきました。御社の昨年の急激な業績悪化が当時からとても気になり、勝手ながら自分なりに分析していました。私が御社に入社したあかつきには、業績の改善・向上と、さらなる発展に携わりたいと思います。そのために、業務を一刻も早くマスターし、そのうえで将来的には業務システムの改善などにも携わりたいと思い、応募いたしました。

【システムエンジニアの場合】

システム構築の仕事は、お店とお客様を笑顔でつなぐ仕事だと捉えています。ユーザーが使いやすい、ストレスのないシステム構築の業務は、人々の暮らしを豊かにする一役を担っていると考えています。御社に入社したあかつきには、御社の理念である「笑顔と笑顔をつなぐネットワーク」を実現したいと思います。そのためにも、これまで身につけてきたＩＴスキルを活かし、また私自身の人間力を活かせる御社で働きたいと思い、志望いたしました。

【企画業務の場合】

私はこれまで冷凍食品の商品開発に携わってきました。新しいものを生み出す「企画」の仕事は、私の天職だと考えています。今回、コンビニエンスストアの商品開発業務の応募があると知り、冷凍食品以外の商品開発にも携われるということで、ぜひやりたいという気持ちが強くなりました。御社に入社したあかつきには、他のコンビニエンスストアとは一線を画したオリジナルブランドの開発を手掛けたいと思います。そのためにも、現場の課題改善、消費者リサーチなど、これまでの経験を活かせることから始めたいと思い、志望いたしました。

4

よく聞かれる質問②

「あなたの強みを教えてください」

志望動機でも「強み」をアピールするぐらいですから、**自分の強みを整理しておくことは、面接ではとても重要です。**

「強みはなんですか」や「長所や短所について教えてください」といった質問は、すべてあなたのプラスの面を聞いています。履歴書・職務経歴書を書く場合にも、この「強み」の整理は欠かせません。

ただ、多くの人が自分の「強み」を見つけることが苦手で、しかもその「強み」を上手に伝えることができないといった状況にあります。とくに自分に自信のない人、謙虚な人は、自分の強みを最低でも3ついえるように整理しておきましょう。

以下では、自分の「強み」を見つけ、それをきちんと相手に伝える方法をお伝えします。

5

強みを発見するワークシート

「強みを見つけましょう」と問いかけると、「私には強みなんてない」とか「そんな立派なものはない」という人がいます。しかし、それは大きな勘違いです。

実は強みは、ひっそりとあなたのそばに佇《たたず》んでいます。以下のワークシートに記入してみてください。あなたらしい素敵な「強み」が見つかるはずです。

【「強み」を見つけるワークシート】

①あなたが得意なことはなんですか？

②あなたが好きな仕事はなんですか？

③あなたが人によく頼まれることはなんですか？

あなたが「得意なこと」は、いつも自信を持ってできることであり、あまり苦労せずできることです。それが趣味の領域であってもかまいません。それらを仕事に置き換えると、どんなことが強みといえるでしょうか。次のように置き換えてみると、強みがたくさん見えてきますね。

・プラモデルの製作　↓細かい作業が得意、集中力がある、バランス感覚がある
・ガーデニング　↓観察力がある、身体を動かす作業が得意、管理業務が得意
・料理　↓段取り力がある、効率的に仕事をすることができる、手先が器用

また、あなたが「好きなこと」は、仕事としてやっていても苦痛を感じません。楽しいと、長く集中できます。ただ、好きなことを好きといっただけでは強みになりません。そこで、仕事で活かせるように言い換える必要が出てきます。

・パソコン入力が好き　↓データ入力が速い、パソコン操作が得意
・おしゃべりが好き　↓コミュニケーション力がある、交渉力がある、販売能力がある
・地味な作業が好き　↓同じ作業を長時間できる、手作業が速い、効率よくできる

また、「人によく頼まれること」には、実はあなた自身も知らない、大きな強みが隠れ

ています。あなたよりも、周りの人のほうがあなたの強みや魅力をよく知っているのかもしれませんね。次のように考えてみましょう。

・重いものを運ぶことを頼まれる　↓力持ちである、頼りがいがある
・書類のチェックを頼まれる　↓判断力がある、頭の回転が速い
・パソコンの作業を頼まれる　↓パソコンに詳しい、データ入力が速い

自分では「弱み」と思っていることもこの機会にしっかりと把握しておきましょう。周りの人に聞いてみるのはちょっと勇気がいるかもしれませんが、意外とうれしい発見があるかもしれませんよ。

・でしゃばりだと思っている　↓統率力がある、積極的である、まとめる力がある
・のんびりしている　↓穏やかな性格である、親和性がある、癒やし系である
・人と接するのが苦手　↓冷静である、観察力がある、主体性がある

6 強みは自信を持って堂々と伝える

強みを伝えるのが苦手な人がいます。日本人によくあるのですが、自分のよいところを自分でいうのが恥ずかしいのです。しかし、たとえあなたが謙虚に振る舞ったからといって、面接の場では「謙虚な人だなあ」と誰も思いません。

あなたに必要なのは謙虚さではなく、会社に役立つあなたの強みを伝える力です。あなたしか知らない、あなたの強みをしっかりと伝えましょう。次の3つのステップで、自分の強みを届けることができます。

ステップ1 「私の強みは□□です」

相手にわかりやすく伝えるシンプルな法則は「結論から伝える」ことです。本章5のワークシートで見つけた自分の強みのキーワードをズバッと伝えましょう。

ステップ2 「□□というのは、具体的には△△ということです」

キーワードを伝えたら、もう少し具体的な内容を伝えます。具体的な形で示さなければ、面接官にあなたの真意は伝わりません。なぜなら、キーワードの捉え方は、人によって微妙に違いがあるからです。

ステップ1と2を併せてはじめて、あなたの真意が伝わります。

ステップ3 「その強みを御社で□□に活かしていきたいと思います」

ステップ1と2で強みを伝えただけでは不十分です。その強みをどのように活かすか「あなたに任せます」では押しが足りません。まだ入社していないので想像するしかありませんが、あなたならこの会社に入ってその強みをどう活かすかを堂々と語りましょう。

〈事例〉

【強み：粘り強さ】

私の強みは、粘り強さです。これまでも周囲の人が締め切りに間に合いそうもないとさじを投げかけていた仕事を、周りに声掛けしながらモチベーションを上げることで締め切りに間に合わせました。最後まであきらめないこと、周囲を巻き込みながら仕事をする力はどんな仕事にも必要だと考えています。御社の仕事でも最後まであきらめず粘り強く取り組みたいと思います。

【強み：気持ちの切り替えが早い】

私の強みは気持ちの切り替えが早いことです。営業の仕事で契約がとれなかったときなど、以前はかなり落ち込んでいました。それでは何も始まらないので、最近では近くのサウナでひとり反省会をしていました。リラックスすることで気持ちがリフレッシュし、新しい戦略も湧き出るようになりました。立ち止まらず常に前に進むこと、そのためにも切り替える力は営業には必要だと考えています。

【強み：整理整頓】

私の強みは、整理整頓が得意なことです。自分の机の周りはもちろんですが、事務所全体の備品や消耗品を整理し、使いやすいように配置を考えることも好きです。また、文房具マニアですので、業務に最適な文房具のチョイスや経費のかからない工夫など、こまごまとしたことを考えるのも得意です。事務所が快適だと仕事がはかどります。御社の事務所改善に今後はこの強みを活かしたいと思います。

【強み：素直である】

私の強みは、素直であることです。仕事で失敗をしたときも言い訳はしません。周りからのアドバイスも素直に聞き、失敗しないように心掛けてきました。御社の皆様は私より若い人が多いと聞きます。皆様のアドバイスを素直に受け入れ、頑張りたいと思います。

【強み：前向き】

私の強みは、前向きであることです。これまで、仕事のやり直しを命ぜられたときも、同僚たちは「またやり直し～」と嘆いていました。しかし、私は「成長するためのチャンスをもらえた」と思い、その同僚と最後まで仕事をやりきることができました。御社の仕事は、毎回締め切りに追われる業務ですが、すべて自分の成長につながると前向きに捉え、頑張っていきたいと思います。

7 短所は「ビフォー→アフター」で伝える

面接によっては、強みや長所と併せて、弱みや短所を答えさせる質問もあります。しかし、短所を短所のまま伝えてしまっては元も子もありません。

次に紹介するステップで、短所を魅力に変えることができます。あなたの短所を、あなたらしい魅力として伝えてみませんか。

ステップ1 「私の短所は□□なところです」

短所といってもいろいろあると思いますが、ここではあなたが直そうと努力している短所や、過去はそうだったが、いまは努力したおかげで長所になっているところをチョイスしましょう。

ステップ2 「ですが、いまは□□しています」

短所を短所のまま伝えてしまっては、いいことはひとつもありません。面接官はあなたの短所を知りたいのではありません。**その短所をどのように克服したか、あるいはどのように直そうと努力しているのかといった、あなたの成長のプロセスを知りたいのです。**

〈事例〉

【短所：気が短い】

私の短所は少し気が短いところです。例えばメールの返信などがなかなか返ってこないことにイライラすることがあります。ですが、最近は1日待ってから催促をしてみたり、なるべく返事がいらないようなメールの書き方を工夫しているので、イライラすることもなくなりました。

【短所：優柔不断】

私の短所は優柔不断なところです。何か決断をするとき、なかなか決められずに周りのみんなを待たせることがあります。ですが、最近は優先順位や重要度を比較して、ものごとを論理的に考えることができるようになり、決断が早くできるようになりました。

【短所：整理整頓が苦手】

私の短所は整理整頓が苦手なことです。とくに書類整理があまり得意ではありません。それではいけないと思い、最近では得意な人にお願いしたり、時間を測ってそのなかで集中して整理したり、便利な文房具を使うなどの工夫をしています。

【短所：自分の意見をいえない】

私の短所は、自分の意見をいえないことです。周囲の意見に同調することが多いのですが、それではいけないと思い、最近はノートに自分の意見をまとめるようにしています。ニュースを見ながら「私だったら～」と、自分の意見を整理する癖をつけています。

8

よく聞かれる質問③

「自己ＰＲをお願いします」

面接の質問で少し戸惑うのが「自己ＰＲをお願いします」です。

昔、私もいきなりこの質問をされて、ものすごく戸惑いました。志望動機や退職理由、長所・短所などは準備していましたが、自己ＰＲといわれると、いったい何を話してよいのかわかりませんでした。

また、自己ＰＲでは、自分で自分のよいところを話すので、遠慮がちになりやすいです。**自分のことをしっかりと分析し、面接の場では、もうひとりの自分を応援する気持ちで、恥ずかしがらずにアピールしましょう**。

また、自己ＰＲといわれて、自分の長所や強みを話すのはよいのですが、ただ一言キーワードだけを伝える人がいます。それだけだと力強いＰＲにはなりません。そのキーワードに必ず根拠をプラスして伝えましょう。

面接官は、印象的な人ほどよく覚えているものです。そのため、自己ＰＲのなかにインパクトのあるキーワードやエピソードを盛り込むのもよいですね。

【効果的なキャッチフレーズ】

面接は、短い時間で自分を売り込む場所です。謙虚に遠慮がちに自分をアピールしたところで、面接官には何も伝わりません。そんなとき便利なのがキャッチフレーズです。一言であなたらしさを表すことができる**キャッチフレーズを伝えることで、面接官にインパクトを残すことができます**よ。例えば、こんな感じです。

・私は周りから「困ったときの山本さん」といわれ、重宝がられます。というのも、パソコンが得意なので、周囲の人がパソコン操作に困ったとき、いつも私に助けを求めるからです。

・わたしのキャッチフレーズは「いつも笑顔でトラブルナッシー」です。仕事で誰かがトラブルを起こしたとき、怒っていては何も始まりません。

・「できることは全部やる！」。私がいつも大切にしている言葉です。どんなことも粘り強く、チャレンジすることが大好きです。

9 自己PRを強・み・で語る

自己PRでは、自身の強みを語る人が多いようです。先ほどお話ししたように、**「強みのキーワード＋根拠」で整理すると、わかりやすい自己PRになるでしょう。**次の3つのステップで考えてみましょう。

ステップ1　「（自分の名前）です。私の強みのひとつに□□があります」

まず、名前を名乗り、自分の強みのひとつをキーワードで伝えます。かっこよくとかスタイリッシュに語ろうとせず、少しベタでもよいので、この会社に必要なあなたの強みをひとつだけチョイスして伝えましょう。

ステップ2 **「なぜ、□□かというと、△△だからです」**

次に、その根拠を語ります。ここでは、強みのエピソードを語ります。できれば仕事に関するものにしましょう。その話を聞くことで、面接官があなたと共に働いている姿を想像できるようなエピソードを語りましょう。

ステップ3 **「□□で、○○することができます」**

最後は、その強みがあることで、どのようなよいことが起こるかを伝えます。ここは志望動機ではありませんので、少し客観的に自分自身を語ってみましょう。

〈事例〉

【コミュニケーション力が強みの場合】

はい、山本笑美と申します。名前に「笑」という文字があり、いつも周りからは「笑顔がいいね」とよくいわれます。困ったときやクレームになったときなど、ピンチであればあるほど笑顔になることで、さまざまな困難を乗り越えてきました。この笑顔の力があれば、年齢や国籍に関係なくコミュニケーションをとることができます。これからも笑顔の力で世の中を平和にしたいと思います。

【コツコツと仕事をこなすことが強みの場合】

はい、山本笑美と申します。これまでの職場では、どちらかというと周りの人の支援をする仕事が多かったです。目立つことは嫌いですが、誰かの役に立つことは率先してやってきました。周りからは「山本さんがいると助かる〜」とか「山本さんが最後はなんとかしてくれるから〜」と褒められました。地味でこつこつこなす仕事はお任せください。

【分析力が強みの場合】

はい、山本笑美と申します。ＡＩとまではいきませんが、とにかく分析やリサーチ、現地調査といった仕事には力を発揮します。データから必要なものを抽出すること、売れる商品の予測や解析は得意中の得意です。最近は、さらに直観力もついてきました。今後は、ＡＩの技術も駆使しながら、リサーチ力に磨きをかけたいと思います。

10

自己PRを経・歴で語る

自己PRで、自分の強みではなく経歴を伝えたい場合は、**面接官が興味を示しそうな経歴を整理し、心掛けてきたこと、大切にしてきたことを中心に明るくプレゼンします**。以下のステップで整理しましょう。**学生さんの場合は、これまで学校内外で経験してきたことでいいので、同じように整理してみましょう**。

ステップ1

「はい、(自分の名前)です。私はこれまで○○をしてきました」

まず、名前を名乗ります。学校卒業後、どのような仕事をしてきたか、どんな経歴だったかを簡単に語ります。

ステップ2

「その仕事のなかで、□□を大切に仕事に携わってきました」

あなたがこれまでさまざまな仕事をしてきたとしても、大切にしてきたこと、心掛けてきたことは一貫していると思います。そんなあなたが大切にしてきたことをここではひとつだけ語ってみましょう。

ステップ3　「これからも□□を大切に、△△なことで社会に貢献していきたいと思っています」

大切にしてきたことは、おそらくこれからも大切にしていくでしょう。そんなあなたは、どんなふうに社会や世の中に貢献していきたいでしょうか。自己ＰＲですから、少し大きく語ってみてはどうでしょうか。

【笑顔を心掛けている場合】

はい、山本笑美です。これまで、店頭で販売の仕事に10年間ほど携わってきました。お客様は、最初は少し険しい表情でお越しになるのですが、最後はとても素晴らしい笑顔で帰られます。その変化の瞬間が私は一番好きです。だから販売の仕事は辞められません。今後も多くの人に笑顔になっていただけるよう社会に貢献したいと思います。

【コスト削減を心掛けている場合】

はい、山本笑美です。私はこれまでさまざまな仕事をしてきましたが、一番長く携わってきたのが、経理の仕事です。経理の仕事では、コスト削減を常に意識してきました。コスト削減は私にとってとてもやりがいのある仕事で、どれだけ削減できたか毎月目標を立てながらトライするのが楽しくて仕方がありません。無駄を減らし、コストをかけるところにはかけていく。会社の縁の下の力持ちとして貢献していく所存です。

【パソコンが得意な場合】

はい、山本笑美です。私はこれまで事務の仕事を続けてきましたが、なかでもパソコンを使った仕事を得意としてきました。ＷｏｒｄやＥｘｃｅｌのみならず、インターネットを使用した業務も得意です。わからないこともネット検索をしながら、自分で解決することを常に意識しています。パソコンに関することはどんなことでもお尋ねください。

【新卒学生の場合・サークル編】

私はこれまで大学の演劇サークルに所属していました。そのなかで周囲の人とコミュニケーションをとりながら、サークルが活性化するよう、さまざまな取り組みをしてきました。例えば、サークル内での飲み会やミニ発表会などのイベントを考えたり、普段から参加が少ない人には積極的に声を掛けたりしてきました。御社の理念に「人と人とのつながりを大切に」というものがあります。私も人と人とのつながりを大切に、御社を通じて社会に貢献したいと思います。

【新卒学生の場合・アルバイト編】

私は大学に入学してから、近くのコンビニ店でアルバイトを続けてきました。接客はあまり得意ではありませんが、品出しでは商品を見栄えよく並べたり、レジでもたつかないようにトラブルリストをつくって対処したりと工夫してきました。店長から「気配りは宇宙一！」と褒められたこともあります。御社に入りましたら、先輩方が働きやすい環境づくりから頑張りたいと思います。

11

よく聞かれる質問④

「退職理由を教えてください」

面接の質問のなかで、一番答えづらいのが前職の退職理由かもしれません。退職理由の多くはネガティブなものです。それをいかに**前向きに伝えるかがポイント**になります。

「残業が多い職場だったから」「人間関係が合わなかったから」「仕事が向いてなかったから」「転勤を言い渡されたから」など、さまざまな理由があったとしても、いまもなお辞めずに働いている人もいます。なぜあなたは退職を選択したのでしょうか。

心理学者にジュリアン・ロッターという人がいます。彼は、自分の行動をコントロールする意識の所在が、自分にあるのか他者にあるのかを表した「統制の所在」という概念を提唱しました。**退職理由を「誰かのせい」にするのではなく、自分の中にも理由がないかを探り、一方的な思い込みにならないよう整理してみましょう。**

12
退職を「何かの始まり」として考える

退職はあなたの人生の新たな可能性につながります。あなたが退職理由をうまく伝えられないのは、その退職に気持ちの整理がついていないのかもしれません。

あなたにお願いしたいのは、退職したことを後悔しないでほしいということです。そして、**これを「チャンス」に、まだ見ぬ新たな自分の人生を力強くスタートしてほしいのです。**そのためにも、退職理由をいま一度別の視点で捉えてみましょう。

【ブリッジズの人生の転機を乗り越える法】

①一人になる時間と場所をつくる、②日々の思いを書く、③自叙伝を書く、④死ぬまでにやりたいことを考える、⑤家を離れ旅に出る。これが転機を乗り越える方法です。

次のワークシートは、退職理由を何かの結果（何かの終わり）として捉えるのではなく、新しいことへのきっかけ（何かの始まり）として捉えるためのトレーニングです。

【何かの始まりとして考えるワークシート】

（a）「どうして退職したの？」

あなたの退職理由を思う存分書いてみてください。

（b）「辞めたことで得られたものは何？」

辞めたことで、あなたはどんなことを手に入れましたか。それはあなたにとってどんな価値があるのでしょうか。

（c）「次の会社でしたいことは？」

辞めることができたから、次のステージに上がることができる。

あなたはどんなことをしたくて辞めたのでしょうか。

13 退職理由を別の視点で語る

退職理由を長々と語りすぎると、いつのまにか言い訳めいた言い回しになってしまいかねません。前項のワークシートで、退職を前向きなイメージに捉えたら、その内容で退職理由を考えてみましょう。

ステップ1　**「はい、前職を退職した理由は、（b）（c）だったからです」**

ここでは、**（b）（前職を辞めることで得られたこと）**を語ります。あるいは、**（c）（応募先で○○をしたかったから前職を辞めた）**と語ります。退職したことがなんだかプラスに聞こえてきますね。

ステップ2　**「（b）（c）とは、□□ということです」**

次に、（b）（c）について、もう少し具体的に語ります。理由がシンプルすぎると、真実味がありません。そのため、補足や解説などを加えて、少し具体的な内容を盛り込みます。そうすることで、あなたの話がぐっと深まります。

ステップ3 「そのために、□□をしたいと思います」

最後は、未来に向けてコミットします（意気込みを伝えます）。もう一度繰り返しますが、退職は何かの終わりではなく、**新たな始まり**と捉えると、明るい未来のことが語れるようになります。力強くあなたの志望をコミットしましょう。何度も繰り返して練習を重ねるうち、以前のようなネガティブな理由ではなく、「本当はこのポジティブな理由なんだ」と思い始めるから不思議です。ぜひ明るく退職理由を伝えてくださいね。

〈事例〉

【人間関係で辞めた場合】

はい、私が退職しようと思ったのは、もっと周囲の人と連携しながら仕事をしたいと思ったからです。連携というのは、互いに仕事を補い合い、縦のつながりだけでなく横のつながりも大切にしていくということです。御社に入りましたら、これまで以上に互いに連携をとりながら仕事に従事したいと考えております。

【残業続きで辞めた場合】

はい、私が退職しようと思ったのは、仕事に集中するために、もっと心身をバランスよく保ちたいと思ったからです。しっかりと仕事をしたら、しっかりと休息する。そうすることで、よりよい発想ができ、集中力も研ぎ澄まされると考えています。今後は、自分のパフォーマンスが十分に発揮できるような働き方をしていきたいと考えています。

【仕事が向いていなくて辞めた場合】

はい、私が退職しようと決断したのは、自分のやりたい仕事が見つかったからです。とはいえ、前職ではさまざまな経験をさせていただき感謝しております。前職の経験を活かしながら、やりたいことを仕事にするために、新たなチャレンジとして御社に入りたいと願っています。

【転勤を言い渡されて辞めた場合】

はい、私が転職しようと決断したのは、地元に貢献したいと思ったからです。私は、福岡で生まれ、福岡で育ちました。そのため、これからも地元のために全力を傾けたいと思いました。これまで経験した地の利を活かし、御社に貢献したいと思っております。

【会社理由で辞めた場合】

はい、コロナが原因による事業縮小のため、退職を余儀なくされました。これまでは仕事に忙しく、自分の将来について考える時間がありませんでしたが、おかげでこれからどんな仕事をすればよいか考える時間をたっぷりとることができました。今後は、世界中の人が御社の商品を使うことで感染を防ぐことができるよう、精いっぱい頑張る所存です。

【早期退職で辞めた場合】

はい、前職で早期退職の話があり、それで辞めることを決意しました。この年齢で新しいことにチャレンジできることに緊張もしていますが、とてもワクワクしています。新しいことを貪欲に学び、自分の可能性を広げてみたいと思っております。

14 退職理由はあっけらかんと語る

退職理由は、内容も大切ですが、伝え方はもっと大切です。

私たちは、自分にとってネガティブな出来事をついネガティブに伝えがちです。ぐもった小さな声で、表情も暗く伝えてしまっては、面接官にマイナスイメージしか伝わりません。

伝えるときは「あっけらかんと」です。

「あっけらかん」とは、少しも気にせず、けろりとしているさまのこと。そのように伝えることで、「**退職のことは乗り越えて、前を向いて頑張っていますよ**」ということが伝わります。

もし、あなたにとって退職の出来事が理不尽なものであったり、その出来事で悔しい思いをしたのであれば、余計に「**あっけらかんと語る**」ことを意識してみてください。

悔しい思いをしただけで終わってしまっては、もったいない気がしませんか。その悔しい思いをどうぞバネに使ってください。退職理由を新しい始まりのきっかけになるよう語ってみてください。びっくりするほど新しい未来が開けてきますよ。

あっけらかんと語る

15

よく聞かれる質問⑤

「求職中、何をしていましたか」

この質問は、退職理由の次に答えにくい質問かもしれません。「仕事をしていない期間も前向きに行動し、就職に向けて何かしているだろう」という前提で質問しますから、前向きな回答は必須です。

「就職活動をしていました」という答えは、面接官からすると当然と思われますので、就職活動をしていたことをドヤ顔で答えるのは控えましょう。

では、いったい何を話せばよいのでしょうか。

ここでは、**就職活動以外で経験したことについて話します**。そして、その経験が次の仕事に活かせることを伝えてほしいのです。

16

仕事をしていない期間を整理する

これまでの職務内容を整理するのと同様に、仕事をしていないときに何をしていたかも整理しましょう。

ときどき「何もしていません」という人がいますが、そんなことは決してありません。ご飯を食べたり、寝たりしていますよね。**当たり前にしていたことを少しずつ思い出すのが、「整理する」ということです。**

次のステップに進むと、自分のやってきたことが見えてきます。

ステップ1　朝起きてから夜寝るまで何をしていたか書き出す

なかなか思いつかない人は、1時間単位で何をしていたかを思い出すと、書けるようになります。

ステップ2 **その中から得意なこと、好きなこと、毎日持続できていることを書き出す**

たくさん書き出した中から、自分が大きく変化したこと、毎日続けられていることなど、印象的なことをピックアップします。

ステップ3 **その経験からどんなことを学び、何に気づいたか**

その経験から学んだこと、気づいたこと、気持ちに変化があったこと、成長できたことなどをひとつだけ選択します。

ステップ4 **そのことを仕事にどのように活かせるか**

ここが最も重要です。**これまでの経験から学んだことをどのように仕事に活かせるのかについて考えてみましょう**。どんな些細《ささい》なことでもよいので、仕事と結びつけて言い切ることが大切です。

〈事例〉

・私は求職期間中、毎日欠かさず近くの公園で30分ほどランニングをしていました。これまで仕事をしていたときは、あまり運動をしていなかったので、これをチャンスと捉えて取り組みました。あれほど運動嫌いだった私が、いまでは健康管理や生活管理をするようになりました。心身ともに健康であることは、今後仕事を続けていくうえでとても大切なことだと実感しております。

・私は求職期間中、妻に代わり子どもの送り迎えをしていました。これまで、子どもの送り迎えは簡単な仕事だと思っていたのですが、ご近所や先生とのコミュニケーションなど、気を配ることが多いことに気づきました。仕事を再開したら、自分の仕事だけでなく周囲の人にも気を配り、自分ができることは率先して取り組んでいきたいと思っています。

17

よく聞かれる質問⑥

「将来はどんな仕事をしたいですか」

ときには、このような未来についての質問をされるときがあります。「どんな仕事といっても、求人票に書いてある仕事じゃないの？」と思われるかもしれません。

求人票に書いてある仕事は、最低限やるべき仕事です。この質問は、あなたの可能性を問うています。さらに、**あなたが会社の未来をどんなふうに捉えているかといった「未来の期待値」をはかる質問でもあります。**

漠然とした質問なので、答えづらいかもしれません。それでも、あらかじめ準備しておくことで、あなたは誰よりも一歩リードすることができます。

漠然とした質問には、漠然とした答えしか思い浮かばないかもしれません。それでも面接官が想像できる回答を用意する必要があります。そのためにも、**あなたがやるべき仕事や強みを起点にし、その延長線上を想像しながら、あなたの夢を大きく語ってみましょう。**

ステップ1　**やるべき仕事について一言で語る**

求人票に書いてある仕事内容、もしくはこれまで経験してきた仕事について、一言でわかりやすく整理してみましょう。

ステップ2　**5年後のあなたについて語る**

その仕事をしているあなたの5年後について、少し大げさに語ってみましょう。

ステップ3　**5年後のあなたの活躍がどのように会社に貢献できているかを語る**

あなたはきっと会社に貢献できているはず。そんな自分をイメージしながら、笑顔で自信を持って語ってみましょう。

〈事例〉

【事務職の場合】

事務の仕事は、さまざまな仕事がスムーズに進むための下支えになるものだと思います。

ですので、周囲の仕事の変化に合わせて、事務の仕事も柔軟に対応していく必要があると考えます。時代の流れに乗り、ＡＩシステムの導入など事務の効率化にも取り組みながら、人と人のつながりを大切にした仕事を行っていきたいと思います。

【営業職の場合】

今回の募集はコンビニエンスストアの冷凍食品の企画営業の仕事ですが、今後は食品だけにとどまらず、新たな商品開発を手掛けていきたいと思います。生活の一部であるコンビニエンスストアができることをもっと広げ、地域の活性化にも目を向けていきたいと思います。

【ウェブデザイナーの場合】

今回の仕事は、飲食店に関わるウェブデザインが中心ということですが、将来的には飲食店だけにとどまらず、幅広く手掛けていきたいと思っています。私がこだわりたいのは、見た目のインパクトに加え、使いやすさ、検索のしやすさといった機能の部分です。機能とデザインを融合したウェブ作成を目指したいと思います。

18

よく聞かれる質問⑦

「パソコンのスキルはありますか？」

パソコンスキルは、ほとんどの仕事で必須のスキルです。このパソコンのスキルを端的に伝えるにはいくつかのコツがあります。

・**資格で伝える**：パソコンに関するスキルはたくさんあります。パソコンの資格を伝えるだけで、どの程度のスキルなのかが伝わりやすくなります。
・**機能で伝える**：Ｗｏｒｄなら書式設定、表の挿入、ワードアート、Ｅｘｃｅｌならグラフ作成、関数、データベースなど、機能によってスキルを伝えることができます。
・**成果物で伝える**：請求書、見積書、スケジュール表、年賀状リスト、ちらしなど、ＷｏｒｄやＥｘｃｅｌで作成した成果物を伝えると、イメージしやすいですね。

19

よく聞かれる質問⑧

「他の会社にも応募していますか？」

一瞬、どういおうかと考えてしまう質問ですよね。

面接官はあなたの本気度をこの質問で測っています。とはいえ、面接官もあなたが複数の企業に応募していると思っていますので、ここは正直に答えるとよいでしょう。ただし、**まったく違う業種や職種に多数応募している場合は、一貫性がないと思われてしまうので、伝え方に注意しましょう。**

〈事例〉

「はい、ほかにも建築関係に数社応募しています。ですが、本日お話をさせていただき、御社に入りたいという気持ちが強くなりました」

20 よく聞かれる質問⑨

「いつから働けますか？」

「はい！　いますぐにでも！」。こんなふうに答えてもらうと、面接官はとても嬉しいのではないでしょうか。この質問の意図は、あなたの熱意を確認するものです。

とはいえ、ほかにも応募していると、そう簡単には答えられないこともありますよね。できるだけ、冒頭のような応答がいえるように、就職活動は計画的に行いましょう。

ほかの結果待ちがあったとしても、**「御社が第一希望」という熱意が伝わるようにしましょう**。そのためにも、明確な入社希望日を答えることが重要です。

〈事例〉
「はい、もし内定をいただきましたら、これまで応募している企業様への連絡などの対応があるため、内定の３日後から働きたいと思います」

21

よく聞かれる質問⑩

「何か質問はありませんか？」

面接も終盤になると、このような質問がなされます。

ここでは面接官が答えやすい質問で、どうしても聞きたいことがあれば質問しましょう。面接官が答えにくい質問、時間を要する質問、企業機密に関する質問などは控えましょう。

一方、「質問をしないと応募に積極的でないと思われるのでは？」と心配される人もいます。確かにぶっきらぼうに「ないです」といってみたり、疲れた表情で「とくにありません」というのでは、積極性に欠けると思われるかもしれません。

そのような場合、無理に質問をするよりは「**とくに質問はございませんが、本日、面接を受けさせていただき、やはり御社に入社したいという気持ちが強くなりました。どうぞよろしくお願いいたします**」と、さらなる意欲を伝えたほうがよほどスマートです。

22

丸暗記ではなくキーワードで覚える

ここまで、面接官の質問に対して、どのように回答すればよいか、文章の構造を中心にお話ししました。あなたならではの回答ができたでしょうか。

作成した文章を、面接のために丸暗記をする人がいます。しかし、それだけは絶対にやめてください。なぜなら、丸暗記した文章をしゃべろうとすると、人は必ず「棒読み」になってしまうからです。

それでは、いったいどうすればよいのでしょうか。

作成した文章を丸暗記するのではなく、キーワードで暗記をすればよいのです。キーワードだけ覚えておくので楽ですし、しゃべりも自然になります。

まず、作成した文章をキーワードに置き換えます。そして、そのキーワードだけを覚えておくのです。面接までには時間があります。キーワードを見ながら、そらでいえるように、声に出して練習しておきましょう。

回答例	覚えておきたいキーワード
はい、山本笑美と申します。名前に「笑」という文字があり、いつも周りからは「笑顔がいいね」とよくいわれます。	名前は笑顔
困ったときやクレームになったときなど、ピンチであればあるほど笑顔になることで、さまざまな困難を乗り越えてきました。	笑顔で乗り越えた
この笑顔の力があれば、年齢や国籍に関係なくコミュニケーションをとることができます。	コミュニケーションをとる
これからも笑顔の力で世の中を平和にしたいと思います。	平和

覚えていたキーワードをもとに回答すると、次のように組み立てられるでしょう。

「はい、わたくし山本笑美といいます。名前に『**笑**』という文字が入っているので、いつも笑顔でいるように心掛けています。これまで困ったときも、**笑顔の力で乗り越える**ことができました。笑顔の力はさまざまな人と**コミュニケーション**をとることができる最強のツールと考えます。これからもこの笑顔の力で**平和**な社会に貢献したいと思います」

【分析力が強みの場合】

はい、山本笑美と申します。AIとまではいきませんが、とにかく**分析やリサーチ**、現地調査といった仕事には力を発揮します。データから必要なものを抽出すること、**売れる商品の予測**や解析は**得意中の得意**です。最近は、さらに**直観力**もついてきました。今後は、**AI**の技術も駆使しながら、リサーチ力に磨きをかけたいと思います。

覚えておきたいキーワード

分析・リサーチ／売れる商品の予測は得意／直観力／AI

このキーワードで、文章を組み立ててみましょう。

「はい、山本笑美といいます。私はとにかく**分析やリサーチ**がとても得意です。これまでも**売れる商品の予測**をするのが仕事で、**得意**分野でした。最近はそれに加えて**直観力**もついてきたように思います。これからの時代はさらにAIの力も借りながら、分析やリサーチの仕事に磨きをかけたいと考えています」

【志望動機の場合】

私はこれまで、店舗の**販売員**として働いてまいりました。そのため、**接客の心得**やお客様への関わり方については十分に身につけてきたといえます。ここ数年は**新人の教育**も任されましたし、みな好成績をあげてきました。私はもともと、御社の商品の**ユーザー**でしたが、これからはその商品のよさをお客様にお伝えするだけでなく、将来は販売員の教育にも携わりたいと思い、志望いたしました。

覚えておきたいキーワード

販売員／接客の心得／新人教育／ユーザーである

これらのキーワードで自己PRをしてみましょう。

「私はこれまで**販売員**として10年ほど働いてきました。そのなかで大切にしてきたのは**接**

客の心得です。プロになればなるほど基本がいかに大切かを学んできました。新人教育も任され、より責任感をもって仕事に従事してまいりました。私はもともと御社の商品を愛用しておりまして、いまも会員になっています。御社に入社したあかつきには、ひとりの消費者としての意見なども反映しながら、販売に力を注いでいきたいと思っております」

【退職理由の場合】

はい、私が退職しようと思ったのは、仕事に集中するために、もっと心身をバランスよく保ちたいと思ったからです。しっかりと仕事をしたら、しっかりと休息する。そうすることで、よりよい発想ができ、集中力も研ぎ澄まされると考えています。今後は、自分のパフォーマンスが十分に発揮できるような働き方をしていきたいと考えています。

覚えておきたいキーワード

仕事に集中／仕事と休息／集中力

キーワードを使って、自分の言葉で語ってみましょう。

「はい、私が退職しようと思ったのは、もっと**仕事に集中**したいと考えたからです。自分のパフォーマンスを高めるためには、**仕事と休息**のバランスが重要だと考えています。しっかりと休息をとることで、集中力を研ぎ澄ますことができます。今回、応募しました業務は、**集中力**を研ぎ澄ますことで、より成果のあがる仕事だと思います。御社に入社したあかつきには、効率的に仕事をこなしつつ、日々体力増進にも努める所存です」

【暗記しない暗記のトレーニング法】

質問に対する自分なりの回答を紙に書き、キーワードを3つ書き出したら、あとはひたすら練習です。隙間時間を利用して「**1日1分**」の練習を積み重ねましょう。ただし、自転車や車の運転中は危ないのでおやめください。

①トイレに入ったら1問だけ練習をする
②歯磨き中に1問だけ練習をする
③歩いているときに練習をする
④電車で移動中に練習をする

23

面接官が本当に知りたいこと

ここまで、自分の言葉で回答する術《すべ》をお伝えしてきました。さまざまな事例もお伝えしましたが、もしかしたら「私の場合はどのように伝えればいいかわからない」「思いつくいい言葉がない」と嘆いている方がいらっしゃるかもしれません。

そんなときは、面接の目的をもう一度振り返ることで、何をポイントに伝えればいいかがわかってきます。

面接はなんのためにするのでしょうか。面接の質問はどんなことが多いでしょうか。あなたが面接官だったら応募者のどんなところが気になるでしょうか。

面接の質疑応答で最も大切にしてほしいのは「**一緒に働きたくなるあなた**」「**一緒に会社を盛り上げてくれるあなた**」を伝えることです。そして、「**あなたと働いたら、きっといいことがありそう**」ということを相手にイメージしてもらうことなのです。

そのためにも、次のステップで伝えたい自分を整理しておきましょう。

ステップ1 自分の経験、強み、アピールポイントを整理する

あなたはこれまでさまざまな仕事の経験をしてきました。とっても一生懸命に頑張ってきた仕事なのに忘れていることはありませんか。自分の仕事でもないのに時間を割いてきた仕事はないでしょうか。

これまでの経験をもう一度丁寧に振り返ってみてください。それらの経験のなかにあなただけの強みがきっと隠れているはずです。その強みは、あなたのスキルであり、最強の武器になります。

その強みを次の職場でどのように活かしますか。「えっ？　次の会社に入ってみなければわからないって？」

それは違います。**あなたが自分の未来と応募した企業の未来を想像する**のです。あなたが主体的に未来を考えることが、あなたの未来を創造することになります。

ステップ2 応募先企業の欲しい人材について整理する

次に、応募先企業はどんな人を希望しているかについて整理します。**求人票に書いてある職務内容ができるだけでなく、企業理念や特長などから、企業が欲しい人材について推測するのです。**ホームページも参考にしましょう。

応募する企業で働く人を見学するのもいいかもしれません。その企業ではどんな人が働いているかがわかると、どんな人材を希望しているかが見えてきます。

ステップ3 欲しい人材に合わせて自分を演出する

最後は、企業の欲しい人材に向けて、自分を演出します。

ウソはいけません。しかし、なるべく企業の欲しい人材に近づけることは可能です。自分の強みのなかから、求められる強みをアピールしたり、見た目の雰囲気を近づけたりすることはできますよね。いずれにしても「**あなたを採用したらいいことがありそう**」と思ってもらうことが大切なのです。

【心も背伸びしよう】

ここまで、面接官が採用したい〝あなた〟を演出するためのノウハウをお伝えしました。いかがでしょうか。

たまに、「**スキルは身につけたが、感情が追いつかない**」という人がいます。何度も不採用通知が届くと、自信を失うのも無理はありません。そのため「いつもの自分じゃない気がする」「面接で大きなことをいって、会社に入った途端にウソだといわれないだろうか」というふうに、せっかく採用される自分像ができたのに、それを自ら否定する人もいます。

とはいえ、「いつもの自分」を素のままで伝えていては、これまでと結果は変わらないかもしれません。では、いったいどうすればよいのでしょうか。

もし「いつもの自分じゃない気がする」人は、「**いつもの自分じゃない」ところを「いつもの自分」に少しずつ取り入れてみましょう**。また、「大きいことをいって、ウソだといわれないだろうか」と思ってしまう人は、面接の場で「**状況にもよりますが」と前提を補足したり、「気持ちはそれぐらい前向きです」というふうに意欲を伝えてみるのもよいでしょう**。ここは踏ん張って、心も目いっぱい背伸びをして採用を勝ち取りましょう。

第6章

ＩＴ機器の基礎知識

今日、世界では30億人以上がパソコンを所有し、40億人以上がインターネットにアクセスしています。また、スマートフォンを持っている人は50億人以上ともいわれています。そんなデジタル時代のなか、面接もウェブで行うのが当たり前の時代になりつつあります。

コロナウイルス感染拡大の状況を考えると、今後はもっとＩＴ機器を駆使した非接触型のコミュニケーションが加速度的に増えていくのではないでしょうか。現在も、ウェブ面接だけでなく、ウェブ会議、ウェブ商談、ウェブ飲み会、ウェブ講義とあらゆるものがウェブで行われています。そのうち、ウェブ結婚、ウェブ葬式、ウェブ旅行……と、ありとあらゆるコミュニケーションがウェブで行われるようになるかもしれません。それに伴い、ＩＴ機器もさらに発展が期待できるでしょう。

ここでは、そんな未来を見据えつつ、まずはウェブ面接を成功に導くための、いまさら聞けないＩＴ機器の基礎知識についてお話ししましょう。

1 スマホがあれば超便利、でも注意点がある

ウェブ面接を受けるには、パソコン、インターネット回線、カメラ、マイクなどが必要です。これらすべてがオールインワンになっているのがスマートフォンです。それ以外にも、ウェブ面接のアプリをインストールするなど準備することがあります。それでは、ひとつひとつ見ていきましょう。

スマホがあれば、ウェブ面接も簡単に受けることができます。ただ、気をつけてほしいのが、スマホのデータ通信量です。

ウェブ面接を受けるときは、**必ずウェブ面接システム（企業側が指定するサイトやアプリ、ＺｏｏｍやＳｋｙｐｅなど）の推奨する必要なデータ通信量を確保しておきましょう。**でなければ、面接中にデータが上限に達し、途中でうまく通信ができなくなってしまいます。

また、ウェブ面接を受ける場合は、電波の安定した場所であること、バッテリーが十分あることを確認したうえで行うのが鉄則です。

スマホでウェブ面接を受ける場合は、手に持ちながらではなく、どこかに固定して行います。最近は、スマホ用のホルダーなど、スマホを固定するものが販売されています。それらを利用しながら、手ブレのないあなたを演出しましょう。

それから、スマホはパソコンに比べて画面のサイズが小さく、面接官の表情が見えづらいので、つい眉間にしわを寄せたあなたの顔が相手に伝わってしまうかもしれません。画面に集中するあまり、肩に力が入りすぎて猫背になってしまう恐れもあります。常に**「どのように見られているか」をイメージしながら臨みましょう。**

スマホのカメラの位置は把握できていますか？　スマホのカメラの性能は抜群にアップしています。普段から自撮りに慣れている人は問題ありませんが、カメラに慣れていない人は、レンズの向こうにあなたの未来を決める面接官がいるんだということを意識しながら、熱い視線を送ってくださいね。

2

パソコンなら安定した面接ができる

ウェブ面接はスマホでも対応できますが、より快適で安定した環境で面接を受けたい場合は、パソコンを使用するとよいでしょう。

パソコンだと、スマホと違って画面が大きいので見やすいです。固定されたスマホに比べると、文字入力も断然しやすいです。

ウェブ面接システムは、ほとんどのＷｉｎｄｏｗｓやＭａｃといったＯＳに対応しています。ただし、少し昔のパソコンでは動きが遅くなる場合もあるので、ご注意ください。

いずれにしても、**ウェブ面接システム推奨のパソコンスペックを確認**しておきましょう。併せて、第7章に書いてあるように、日頃からパソコンのメンテナンスをしておきましょう。

インターネット回線を使う場合は、プロバイダーと回線契約を結び、併せてルーターも準備しておきます。最近のインターネット回線であれば、とくに問題はありません。普段から動画をサクサク見ることができれば、ネット回線の準備としては問題ありません。

インターネット回線について何を使用するかは状況によりますが、ウェブ面接に限っていえば「**回線が安定**」して「**データ通信料の上限がない**」光回線をおすすめします。

	光回線	ポケットWiFi
メリット	・回線速度が速く安定している ・毎月のデータ通信量の上限がない	・自宅と外出先で利用できる ・工事が不要 ・光回線に比べて安価（3000円～4000円程度）
デメリット	・開通工事が必要 ・費用が高い（4000円～6000円）	・回線速度が不安定 ・速度制限がある

3 ウェブカメラで印象づける

最近のパソコンには内蔵カメラがついているので、別途カメラを購入する必要はありません。

ただし、カメラの解像度によっては、顔色が悪く映ってしまいます。印象的な表情を届けたいと思う人は、外付けカメラのご購入をおすすめします。その際、**カメラの解像度は1080p（フルHD）以上**。より鮮明に、くっきりとした表情が伝わりますよ。

私が現在使用しているカメラは3000円程度の小さなウェブカメラです。15センチぐらいの小さな三脚もついていて、机の上で自由に位置を固定できます。また、三脚を取りはずしてパソコン画面の上部にひっかけることもできます。

いずれにしても**カメラ本体は解像度の高いもの、カメラの足回りは汎用性があるもの**をおすすめします。

4 専用ライトで顔色アップ

「女優さんは照明が大事」とよくいわれますが、ウェブ面接でも照明はとても大事です。あなたがいくらきれいにメイクをしても、あなたの顔を美しく照らす照明がなければ、顔色が悪い、クマのふか～い疲れた表情が映ってしまいます。

健康的で爽やかな表情を演出するためにも照明は欠かせません。柔らかい光や調光できる照明を顔に向けて照らしましょう。

最近は、ユーチューブ専用のライトも売っています。ウェブ面接のためにそこまでこだわる必要はありませんが、**天井からの照明以外で、顔を明るく照らす照明をひとつ用意しておくとよいでしょう**。

照明の当て方としては、顔の水平の位置、もしくは斜め下ぐらいから当てると、顔全体がぱーっと明るく輝きます。自分で光のバランスを見ながら調整してください。

照明の位置を工夫する

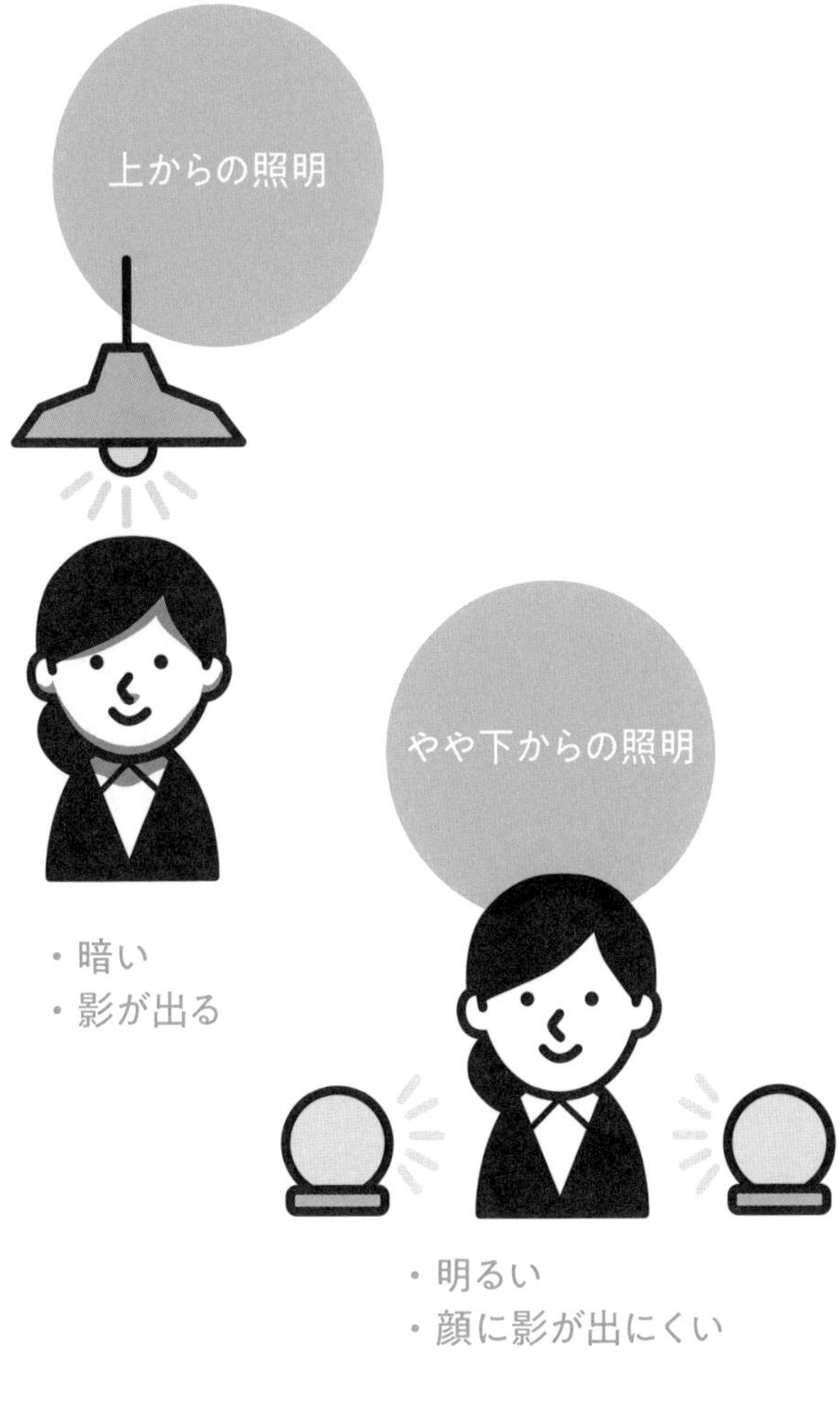
上からの照明
・暗い
・影が出る
やや下からの照明
・明るい
・顔に影が出にくい

5

マイクは「指向性」が大事

カメラと同様に、マイクもパソコンに内蔵されているものがあります。ただ、このマイクを使ってウェブ面接をするのはあまりおすすめしません。

なぜなら、内蔵マイクがあるといっても、どこに向かって話せばいいのかよくわからないからです。さらに内蔵マイクは指向性も低いので、さまざまな雑音を拾ってしまいかねません。ノイズが多い環境の場合は、別途マイクを準備しましょう。

マイクを購入する際は、この「指向性」が高いものをおすすめします。

単一指向性タイプのマイクは、マイクの正面で話す声など、特定の方向からの音だけを拾います。周囲のノイズが拾いにくいため、ウェブ面接にはうってつけです。

ちなみに、ミーティングで使う場合は、全指向性タイプがおすすめ。設置する向きに関係なく、すべての方向から広範囲に集音することができます。

また、マイクを別途購入しなくても、カメラやイヤホンに単一指向性のマイクが内蔵されているものもあります。**カメラは解像度、マイクは指向性**に注意して揃えておきましょう。

	PC内蔵マイク	外付けマイク	イヤホン内蔵マイク
指向性	PCにもよるが全指向性が強い	マイクの用途による	単一指向性が強い
メリット	購入しなくてすむ	マイクに向かって話しやすい	意識せず話ができる
デメリット	周りのノイズを拾いやすい	費用がかかる	ミュートはPC上での操作が必要

6 イヤホンはこんなときに便利

パソコンでウェブ面接をする場合、面接官の声はスピーカーから聞こえてきます。このとき、私たちの耳には面接官の声と周囲の音が同時に聞こえてくるので、周囲の雑音が大きいと、面接官の声が聞こえづらいことがあります。

このような場合、**イヤホンを装着すると、周囲の雑音を遮断し、面接官の声だけダイレクトに受け止めることができます**。

イヤホンの形にはカナル型とインナーイヤー型があります。

カナル型は、耳にフィットするので、ウェブ面接に集中できますし、音漏れもありません。インナーイヤー型は、耳をふさがないので開放感があります。自然な感じが好きな人はこちらをおすすめします。

また、イヤホンには有線タイプと無線（ワイヤレス）タイプがあります。

有線タイプは、値段も安価で、可愛いデザインのものがたくさん販売されています。安くても、かなり音質がいいものもあります。ただ、どうしてもコードが絡みやすいので、動作のしづらさがウイークポイントです。

ウェブ面接では、音声の安定を優先したいので、有線タイプがおすすめです。

なお、イヤホンには指向性の高いマイクがついていることがあります。そのようなイヤホンであれば、別途マイクを購入する必要はありません。

ちなみに、「ヘッドセットでもいいですか？」と質問されることがあります。ヘッドセットはマイクが常に口元にあるので、安定的にあなたの声を面接官に届けることが可能です。耳全体を覆うので遮音性も高く、面接官の声もよく聞こえます。

ただ、ヘッドセットのタイプによっては、見た目の印象が大きく変わったり、せっかく整えたヘアが乱れてしまったりするので要注意です。

いずれにしても、落ち着いて面接を受けるために、安心できるツールを選択しましょう。

7

専用アプリのインストール

ウェブ面接を行うには、既存のコミュニケーションアプリを使用する場合と、ウェブ面接専用のシステムアプリを使用する場合があります。何を使用して面接をするかは、企業側が決めます。

ウェブ面接以外でも汎用性の高い、ＺｏｏｍやＳｋｙｐｅなどはあらかじめパソコンなどにアプリケーションをダウンロードしておきましょう。また、事前に使って操作に慣れておきましょう。

専用のウェブ面接システムについては、応募先企業が何を使用するのか、エントリーするまで把握できません。だからといって、何もしないのでは対策も打てませんよね。参考までにウェブ面接システムのメーカー一覧を記載しておきますので、事前に調べておきましょう。

これらアプリケーションは、システム改善の更新が行われることがあります。また、それに伴って推奨ＰＣスペックも変更になることがあります。**ウェブ面接を受けるときは、最新の情報を把握し、アプリケーションの更新をしておきましょう。**

【ウェブ面接システムアプリケーション一覧】

- ＳＯＫＵＭＥＮ　https://www.maru.jp/sokumen-g/
- ＶＩＥＷ　ＨＵＢ　https://www.viewhub.biz
- ＨＡＲＵＴＡＫＡ　https://harutaka.jp/movie_entry
- Ｃａｌｌｉｎｇ　https://www.calling.fun
- インタビューメーカー　https://interview-maker.jp
- ＳＨａｉＮ　https://shain-ai.jp
- ｐｌａｙｓｅ　https://playse.jp/meet
- 経営人事パートナーズ　https://keieijinji-lp.com
- ハーモス　https://hrmos.co
- Ｖ－ＣＵＢＥ　https://jp.vcube.com/solutions/hiring

・ビデオトーク　https://www.nttcoms.com/service/videotalk/
・ウェブメン　https://careerlab.tenshoku.mynavi.jp/btob/lineup/mensetsu/4573/
・バイオグラフ　https://www.biograph.jp
・どこでも面接　https://livecall.jp/mensetsu/
・FacePeer　https://www.face-peer.com

【ウェブ会議システム一覧】

・Zoom　https://zoom.us/jp-jp/meetings.html
・Skype　https://www.skype.com/ja/
・Google Meet　https://apps.google.com/meet/
・Messenger Rooms　https://www.messenger.com/rooms/
・Teams　https://www.microsoft.com/ja-jp/microsoft-teams/group-chat-software

（2021年3月現在）

8

面接にふさわしい背景の設定

ウェブ面接の場合、自宅でする人がほとんどです。ですが、自宅が落ち着いて面接できる場所かというと、意外とそうでもなかったりします。ここからは、落ち着いてウェブ面接を受けるための環境設定についてお話しします。

第3章でもお話ししたように、画面の背景の設定をどうするかで、あなたの価値はグッと上がります。**壁が白っぽい無地であれば問題ありません**が、生活感あふれる壁だと、せっかくのあなたのよさが台無しになってしまうかもしれません。

最近では、次のような便利なグッズが売られていますので、気になる方は検索してみてください。

〈ウェブ面接で役立つ便利グッズ〉

・写真撮影用背景シート

写真館にあるような高価なものから安価で簡易的なものまで、さまざまなものが販売されています。

・背景布

シートに比べて安価です。ただし、シワにならないようにアイロンをかけ、ピンと張るなど少し手間がかかります。

・撮影用背景スタンド

背景をセットするためのスタンドのことです。壁に背景を貼れない場合は、スタンドを準備しておきましょう。

・背景タペストリー

値段も手頃なものがたくさんあります。デザインも豊富で目移りしそうですが、面接で使用する場合は、**白無地**を選びましょう。

9 周囲の音に気を遣う

ノイズが入らない環境設定はとても重要です。

最近のマイクは性能がよいので、さまざまな音を拾います。マイクのなかには話し手の会話を重点的に拾う機能があり、余分なノイズが入らないものもあります。先ほどお話ししたように、**マイクは単一指向性のあるものを選択**し、そのほかの環境については以下のことに注意しましょう。

〈ウェブ面談の環境づくりのための注意点〉

①窓やドアを閉める。

②呼び出し音が鳴らないように、固定電話の電源を切っておく。

③ペットは別の部屋に隔離しておく。
④家族にあらかじめウェブ面接の時間を知らせておき、音をたてないよう協力をあおぐ。
⑤インターホンの電源を切っておくか、ボタンを押さないように張り紙をしておく。
⑥家族に、電子レンジを使用しないよう伝える（ＷｉＦｉと電子レンジは同じ周波数なので、同時に使用すると電磁波が干渉してＷｉＦｉが途切れてしまう可能性があります）。
⑦換気扇、エアコン、空気清浄機、その他の電気機器についても極力電源を切っておく。
⑧イヤホンに付属のマイクやヘッドセットのマイクと衣服が擦れないように配慮する。

【自分もノイズを発している？】

私たちは、緊張するとつい咳き込んでしまうことがあります。無意識に咳き込むと、うっかりマイクをオンにしているのを忘れて、耳障りの悪い咳を相手に聞かせてしまうことになりかねません。そのため、自分が発するノイズ（咳やくしゃみなど）を遮断するためにも、「マイクを握る」「ミュートする」など、瞬時に対応できるようにしておきましょう。

10

自宅以外のおすすめスポット

自宅でウェブ面接を快適にできないのなら、いっそのこと自宅を飛び出し、快適な環境で行いませんか。

自宅以外のおすすめスポットとして、ホテルやレンタルルームがあります。最近のホテルでは、「テレワークプラン」「ウェブ会議プラン」と称して、快適な部屋でウェブ面接ができる環境の提供を行っています。宿泊目的だけでなく、このように個人の大切な時間を確保するための、さまざまなプランを提供しているのです。

レンタルルームもまた、ホテルのように快適な空間を提供しています。最低2時間くらいからレンタル可能なところもあります。ウェブ面接の練習にも使えそうですね。

いずれにしても、「**安定したインターネット回線**」「**落ち着いた背景**」「**騒音が遮断された室内**」といった条件が揃えば、ウェブ面接で実力を十分発揮できそうですね。

11 ウェブ面接システムの操作（オンライン面接の場合）

私は普段、就職支援講座も担当しています。とくに面接対策講座やビジネスマナー講座でトレーニングが必要と感じるのが、ドアの開け閉めと挨拶です。

この本を読んでいるみなさんからしたら、「まだ面接も何も始まっていないところを練習するんか〜い」と思うかもしれません。ですが、これらもすべて面接官はチェックをしています。というより、面接の質問が始まる前に、もうすでに決着している場合もあるのです。

このように、面接では話の内容もさることながら、身ぶり手ぶりやおじぎ、挨拶といったごくごく基本的なビジネスマナーも見られています。ドアを乱暴に開け閉めする、挨拶をしない、表情が暗いといったネガティブな印象は、思いのほか伝わっているものです。

面接はこれら第一印象が最も大切だといえます。

それでは、ウェブ面接の場合はどうでしょうか。ドアをノックしたり、ドアを開け閉めするといったことはありませんが、お辞儀のしかたや目線や表情、そのほかのちょっとした動作がいままで以上に見られていますので、注意しましょう。

これまで、面接の場所は企業側が準備していましたが、ウェブ面接の場合は、自分の部屋などこちら側で用意します。カメラに余計なものが映らないよう配慮も必要です。また、パソコンやスマホなどＩＴツールをスマートに活用することが求められます。

ウェブ面接には、「**オンライン面接**」と「**録画面接**」があります。

「**オンライン面接**」は、ウェブ面接システムを通じて、同時刻にライブで面接を行います。ライブで行うので、画面がフリーズしたり、回線が途切れるといったトラブルはできるだけ避けたいですね。

一方、「**録画面接**」は、用意された質問に対して事前に録画したものを面接官に送ります。

ここでは、具体的なウェブ面接の方法についてお伝えします。

12 ウェブ面接システムへの入室

ウェブ面接システムへの入室は、事前にログインして面接官を待つ場合と、入室ボタンをクリックすると、すでに面接官が待機している場合とがあります。

入室のログインは、面接開始時間の5分から10分前には行っておきましょう。しばらく待たされる場合でも、**あなたの姿は常に面接官に見られていることを意識しましょう。**また、入室したら、簡単に挨拶のメールを送っておくと好印象を持たれます。

そしてウェブ面接が始まったら、まず3秒ほど深呼吸をし、最高の笑顔になって「はじめまして。本日、面接を受けさせていただきます、○○です。どうぞよろしくお願いいたします」と挨拶をしてから、お辞儀をしましょう。

このとき、お辞儀は第3章でも解説したように、軽い角度でゆっくりと行います。

13

ウェブ面接が始まる前に確認しておきたいこと

面接の冒頭で、自分の声の大きさがどれくらいで伝わっているのかを確認するのもいいですね。

「声の大きさはこれぐらいでよろしいでしょうか」「声は聞こえていますでしょうか」といったさりげない声掛けをすると、あなたが周囲へ心配りをしていることも伝わります。

また、すべてのウェブ面接システムに搭載されているかは不明ですが、会話をスムーズに行うためにも**「ミュート」の使い方に慣れておきましょう**。

「ミュート」とは、自分の音声を遮断する機能です。相手の話を聞くときはミュートをオンに、自分が話をするときはミュートをオフにします。

また、ウェブミーティングなどで、メモをとろうとしてキーボードで入力をする人がいます。このとき、ミュートをオフ（音声が伝わる状態）のままにしていると、キータッチ音が相手にノイズとして伝わってしまいます。

もしウェブ面接でメモをとりたい場合は、PCに入力せず、あらかじめ紙とペンを用意しておき、面接官に「メモをとってもよいでしょうか」と断ってからメモをとりましょう。

準備しておきたいITツール

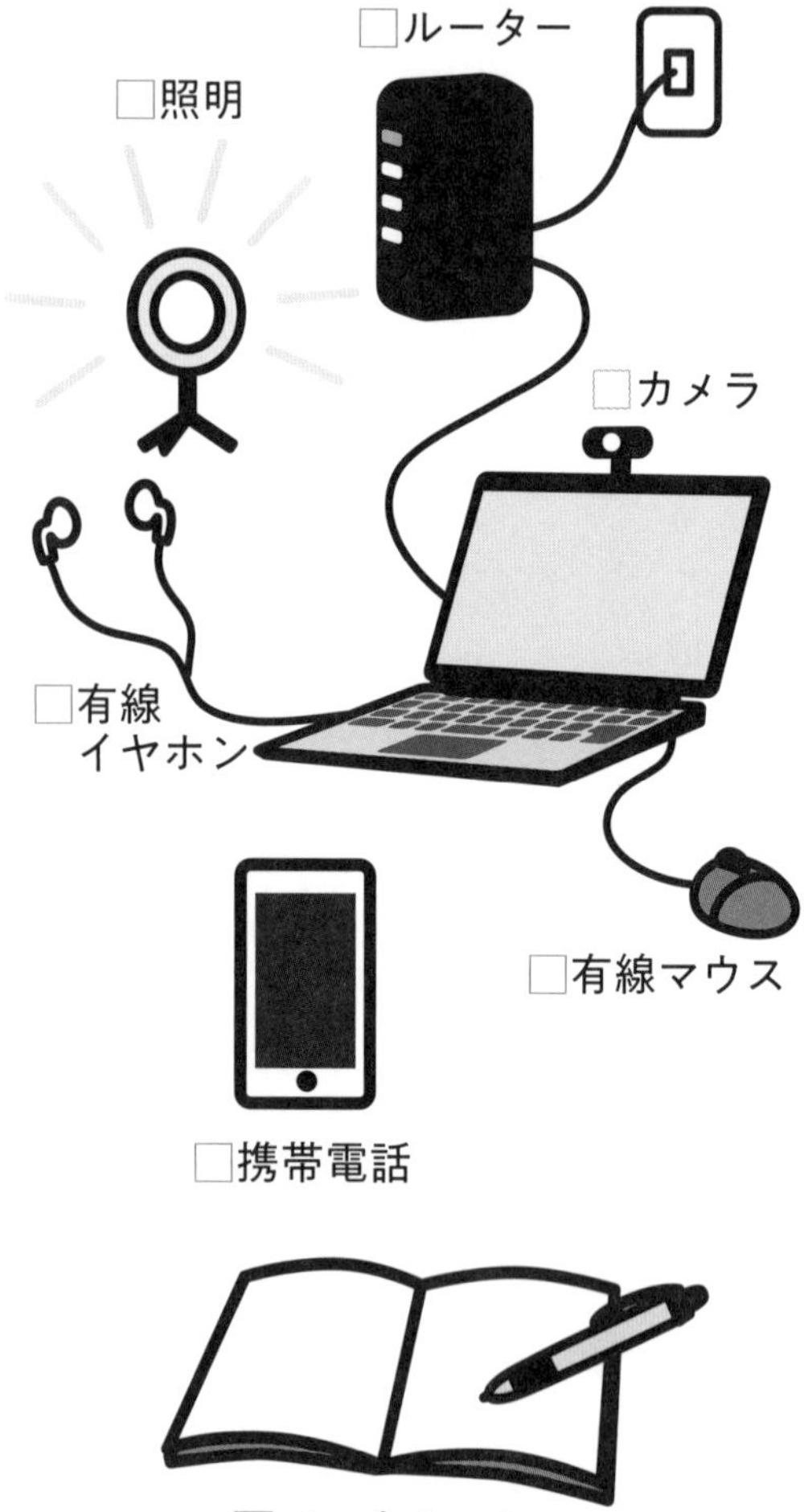

14 ウェブ面接システムからの退室

さあ、面接も滞りなく、無事に終わりました。でも、これで終わりではありません。最後まで気を抜かず、終始、笑顔で対応しましょう。

面接が終了したからといって、そそくさと退室してはいけません。**面接官が退室ボタンを押すタイミングに合わせて、自分の退室ボタンをクリックします**。

面接官から「どうぞご退室ください」と促された場合は、最初と同じように笑顔で挨拶をし、深呼吸（3秒ぐらい）をして、静かに退室ボタンをクリックします。クリック前にビデオを止めて退室するのもマナーですね。

ウェブ面接終了後は、担当者にお礼のメールを送ります。ひと昔前は、お礼のハガキを送ることもありましたが、そこまで対応しなくてもかまいません。

15 ウェブ面接システムの操作（録画面接の場合）

「録画面接」は、ライブで面接官と応答するわけではないので、オンラインよりも落ち着いて、自分のペースで受けることができます。

また、あらかじめ録画の練習もできますから安心です。

今回、タレンタ株式会社の「ＨｉｒｅＶｕｅ《ハイアービュー》」(https://www.talenta.co.jp/product/hirevue/)を例にして、録画面接の手順を少しだけお伝えします。

①ウェブ面接システムへのログイン

応募先企業から受け取った招待メールのＵＲＬをクリックします。指定されたアプリはあらかじめダウンロードしておきます。

②面接の概要とメッセージの確認

画面に沿ってタップしていくと、最初に面接の概要がアナウンスされます。次に応募先企業の面接官や社員から企業案内のメッセージが流れます。

③録画の練習

画面に面接官からの質問が表示されるので、制限時間内に答える練習をしましょう。この練習は録画されません。できるだけたくさん練習をしておきましょう。

④録画

次は本番です。開始ボタンをタップすると、問題が開始されます。制限時間内で考えます。考えがまとまったら、録画ボタンをタップし、制限時間内で回答します。回答が終わったら、録画されたかどうかを確認します。撮り直したいときは再録画をタップします。

⑤アップロード

すべての質問に回答したら、動画をアップロード。ガイドに沿って操作します。

16

機器トラブルを予防しよう

　そもそもＩＴ機器にトラブルはつきものです。トラブルを予防するためには、まず日頃からＩＴ機器のメンテナンスをしておく必要があります。メンテナンスについては第7章に詳しく書いていますので、そちらをご参照ください。

　ウェブ面接で一番やっかいなトラブルは、「回線が途切れる」ことです。そんなトラブルを避けるには、**インターネット回線を有線でつなぐこと**です。有線ですから通信も安定します。普段は無線で接続し、ウェブ面接の際には有線に切り替えるなど、臨機応変にできるよう準備しておきましょう。

　そのほか、通信プランを見直してみたり、無線ルーターの位置を調整したりするなど、速度や電波に関するあらゆるリスクを排除しておきましょう。

　また、面接を録画したり、自己アピール動画をあらかじめ録画してその動画データを送ったりする場合は、動画データそのものをなくさないようにすることが大切です。動画ファイルをコピーし、コピーしたファイルをクラウドやUSBに保存しておくなどして、万が一、ハードウェアが故障したときにも対処できるようにしておきましょう。

また、ウェブ面接システムでは、動画を取り扱うので電気をたくさん使います。そのため、パソコンを使用する場合は、必ず電源コードを差し込んでおきましょう。

スマホで行う場合は、フル充電にして臨みましょう。

【ルーターも疲れている】

パソコンとインターネットの中継をするのがルーターと呼ばれるものです。ルーターは家中のネットワークを快適にするため、交通整理をしてくれるような存在です。最近は、パソコンだけでなく、スマホ、テレビ、ゲーム機、AIスピーカー、家電など、あらゆるものがネットワークにつながる時代になりました。また、リモートワークやリモート授業が増え、昔では想像できないほど、ルーターにもかなりの負担がかかっています。ネットの速度が遅いと感じる人は、もしかしたら最新のルーターに置き換えると問題が解決するかもしれませんね。

17

トラブルが起こったときの対処法

ＩＴ機器のトラブルについては、トラブルにならないための予防も大切ですが、実際に起こってしまったときにどう対処するかも事前に考えておかなければいけません。ウェブ面接では、そうしたトラブルの様子も面接官に見られているので、気をつけましょう。

普段からメンテナンスをするなど予防をしていても、ウェブ面接の最中に回線が切れるといったトラブルは防ぎようがありません。応募先企業や使用アプリ、回線のせいにしたところで、なんの解決にもなりません。

そんなときのために、あらかじめ応募先企業にトラブルが起こったときの対処法を確認しておきましょう。**緊急連絡先など連絡先を控えておき、トラブルが起こったときは、すみやかに連絡をするなど、迅速な対応をすることで、逆にあなたの印象はよくなります。**

ウェブ面接中に面接官の声が聞こえづらい、映像がフリーズするなどの事態になった場合でも、電話をかける、チャットで呼びかけるといった別のコミュニケーション方法で状況を説明しましょう。

あなたの冷静な対応を面接官は見ています。「ピンチはチャンス」です。どんな状況にも柔軟に対処できる自分を、ピンチのときこそアピールしましょう。

【あなたはどっち？】

「トラブルとは思い通りにいかないさま」のことをいいます。そう考えると、世の中は日々トラブルとの戦いといってもよいでしょう。そんなトラブルを目の前にしたとき、私たちは大きく分けて2つのタイプに分かれます。「原因追究」するタイプと「問題解決」するタイプ。

このとき、問題を一刻も早く解決することが先決なので、「問題解決」をまずは優先することを考えるとよいでしょう。そして、問題解決のあと、二度と起きないようにするためにも原因を明確にすることはとても重要です。「誰のせい？」と原因追究をする前に、まずは一刻も早く問題解決に進むよう全力を尽くしましょう。

第7章

面接に備えてメンテナンスをしよう

「メンテナンス」とは、維持、持続、保守、保全などの意味を持つ言葉です。とくに機械や建物、コンピュータなどについて、故障が生じることなく正常な状態が持続されるようにお手入れすることを指します。

ウェブ面接では、パソコンやスマホなどIT機器を使用するので、日頃のメンテナンスは必要不可欠です。

一方、私たちの身体と心はどうでしょうか。こちらも日頃から体調を整えたり、平常心を保つといったトレーニングをしておかなければ、いくら質疑応答の練習を積み重ねても、実力を発揮することはできません。

ここでは、パソコンのメンテナンスに加えて、面接で採用を勝ち取るための自分自身のメンテナンスについてもお話しします。「健康な精神は健康な肉体に宿る」という言葉を聞いたことがあるでしょう。メンテナンスを日課にして、どんなときも「自分らしく」立ち振る舞いたいですね。

1

ＩＴ機器のメンテナンス第一歩は動作確認

ＩＴ機器のメンテナンスで重要なのは、日頃の**動作確認**です。パソコンやスマホを普段から触っていますか？　インターネット回線は普段から安定しているでしょうか？　普段から日常的に使用しているのであれば、通電もしているので問題はないでしょう。

普段はスマホを使用していて、パソコンはめったに使っていないという人は、少なくとも1週間に1回以上はパソコンを起動させ、インターネットを使用するなどして動作確認をしておきましょう。

併せて、ウェブ面接で使用するカメラやマイクについても短時間の動作テストだけでなく、活用の場を積極的に設けて実際に使ってみるとよいでしょう。日頃から使い慣れていれば、突然、ウェブ面接になっても安心です。

2 Windowsのアップデート

パソコンを頻繁に使用していると、Windowsのアップデートがされ、OS（オペレーティングシステム）が更新されます。更新されることで、あなたのパソコンがウイルスに感染しにくくなったり、動作が快適になったりします。

しかし、パソコンの電源も入れずに放置したままだと、Windowsアップデートが機能せず、肝心のウェブ面接のときに快適に動かないということになるかもしれません。

日頃からWindowsアップデートで最新のOSに更新しておきましょう。

また、ウェブ面接では、ウェブ面接システムなど、特定のアプリケーションを使用する場合もあります。アプリケーション側が頻繁にプログラムの更新を行っていることもあります。そのため、前回にはなかったボタンができていたり、新しい機能が追加されていたりすることもあるので、ときどき機能をチェックしておくとよいでしょう。

3 パソコンのクリーンアップ

普段、パソコン内の整理整頓をしているでしょうか。たまに、デスクトップに所狭しとファイルを並べて、大事なファイルがどこにあるのかわからないと頭を抱えている人がいます。

仕事をサクサクとこなすには、パソコンのクリーンアップも大切です。

ウェブ面接に直接関わることではありませんが、**使わないファイルの整理、不要なデータの削除、使わなくなったアプリケーションの削除をすることで、ハードディスクやSSD（データ保存の記憶装置）、メモリの無駄な消費が抑えられます**。

それらの手順について具体的な解説はしませんが、インターネットで調べたり、詳しい人に聞くなどして、日々のメンテナンスを継続しましょう。

パソコンが快適だと、ウェブ面接も気持ちよく受けられそうですね。

4

身体のメンテナンスも大事

日頃から、ＩＴ機器のメンテナンス管理をしている人は、比較的多いかもしれません。

でも、自分自身のメンテナンスはというと、考えたことがないという人もいらっしゃるのではないでしょうか。

また、たとえＩＴ機器の調子がよくても、自分の体調がよくないと、パソコン操作がいいかげんになったり、イライラしてスマホを投げつけたりしてしまうかもしれません。

私たちは案外、自分の体調のことを後回しにしたり、できるときにやろうと思いつつもしなかったり、**そもそも自分のことを大事にしていないことに気づいていない人もいます**。

ＩＴ機器を定期的にメンテナンスするように、自分のこともちゃんとメンテナンスしましょう。

以下では、日々の自己管理、自分メンテナンスについてまとめてみました。

5 基本は規則正しい生活をすること

就職活動をしていると、つい生活が不規則になりがちです。何も用事がなければ、1日中、家の中にこもり、ほとんど動いていないといった人もいるかもしれません。これでは、運動不足になり、体調に支障をきたしてしまいます。そうならないためにも、規則正しい生活を心掛けましょう。

規則正しい生活を送るための5カ条をご紹介します。

・第1条　決まった時間に起床する

朝はなるべく決まった時間に起きましょう。仕事に行く時間を想定して、普段から同じ時間に起きるとよいでしょう。できれば、時計のめざましで起きるのではなく、明るくなったら自然と起きられるように、カーテンは開けておくといいですね。

遠足の日に早起きをした子どものように、**朝一番にする「楽しいこと」を机の上に準備しておく**のもいいですね。

・第2条　適度な運動をする

普段の生活より少し心拍数が上がる程度でかまいません。軽い運動を欠かさず行いましょう。ラジオ体操、ウォーキング、ストレッチなど、「**できることから始める**」「**継続する**」ことが大切です。

例えば、通勤のつもりで朝晩ウォーキングをすることで、生活にもリズムが生まれます。このように、常にフットワークが軽い状態にしておくと、いざ仕事が始まってもストレスなく働けます。フットワークの軽さは、無意識の行動にも表れますよ。

・第3条　適切な食事をとる

朝昼晩とバランスのとれた食事をとりましょう。仕事はなんといっても身体が資本です。体調管理も仕事のひとつと捉え、栄養バランスを考えた適切な量の食事をとりましょう。

例えば、お弁当をつくってみるというのはどうでしょうか。仕事を始める前からお弁当をつくる習慣があれば、難なくスタートが切れそうですね。

・第4条　お風呂に入る

1日の疲れをとるには、やはり入浴です。シャワーもいいですが、入浴することで、身体全体にほどよい水圧がかかり、コリがほぐれます。**少しぬるめのお湯に長めにつかること**がポイントです。そうすることで副交感神経が高まって、質のよい睡眠を得ることができます。

・第5条　決まった時間に就寝

就職活動をしていると、時間が不規則になりがちです。そのためにも、起床時間と同様に、**決まった時間に就寝する**ことを心掛けましょう。

また、ふとんに入ったら、スマホやパソコンなどブルーライトを発するものは見ないでおきましょう。ラベンダーの香りを枕元に置く、加湿器を設置する、ゆったりとした音楽を聴くなどして、眠りの質を高めましょう。

6 日頃のストレスを解消しておく

私たちの生活は、日々、ストレスにさいなまれています。そのため、自分にフィットするストレス解消法をどれだけ実践しているかが、心身の不調を軽減するポイントになります。

ストレス解消には次のような方法があります。

①休養型

睡眠不足だったり、明らかに体が疲れているときは、しっかりと休養をとることが大切です。**居心地のよい寝具を使ったり、お気に入りのアロマを焚《た》くなどして、身体を十分に休ませましょう**。ほかにも、甘いものを食べたり（食べすぎはよくないですが）、猫や犬などかわいい動物をなでたりして、穏やかでゆっくりとした時間を過ごしましょう。

②運動型

精神的に疲れている場合は、体を動かすことでストレスを解消できる場合があります。このとき、**汗をかくぐらいの運動をすることが目安です**。汗をかくことで気持ちがすっきりします。適度な体の疲れは、よい睡眠にもつながります。

運動が無理な場合は、ストレッチだけでも効果的です。気分が落ち込むと、身体が前かがみになりがちです。両手を上に上げ、天に向かって大きく背伸びをするストレッチは、自信のポーズ。本来の自分を取り戻すためにも、だまされたと思ってやってみましょう。

③コミュ型

人に傷つけられたときは、気の置けない友人とおしゃべりをするのが一番です。**「話す」は「離す」「放す」にもつながり、自分の心の中にある嫌な感情を吐き出すことができます**。愚痴《ぐち》を吐いたところで、状況が変わるわけではありませんが、心にたまったものを外に出さなければ息がつまってしまいます。ただし、愚痴を吐く相手は、あなたの気持ちに寄り添ってくれる友人を選びましょう。

④娯楽型

世の中にはゲームやカラオケ、アミューズメントパークなど、娯楽施設がたくさんあります。**普段とは違う状況で思いっきり大声を出したり、笑ったりすることは、大いにストレス解消や気分転換になりますね。**ただし、周囲の迷惑にならないように配慮をするなど、社会人として守るべきルールの範囲で行いましょう。

⑤没頭型

外出が苦手な人や、話を打ち明ける友人がそばにいない場合は、**ひたすら自分の趣味の世界に没頭するのもいいですね。**絵画、手芸、ミニチュア創作、ジグソーパズル、ガーデニングなど、自分だけの世界に没頭すると、自己肯定感も上がりそうです。ただし、はまりすぎて肝心の就職活動のことを忘れないよう気をつけましょう。

7

服装やお顔のメンテナンス

ウェブ面接について、第1章から第5章にかけてお伝えしてきました。しかし、それらの知識を身につけるには、日々のメンテナンスが必要です。「わかる」と「できる」の間には大きな隔たりがあります。いつでも「できる」を目標に面接スキルのメンテナンスを心掛けてくださいね。

ウェブ面接で着るスーツの準備はできていますか。

着用後はすぐにクリーニングに出す、取れかかったボタンやほつれは縫い付けておくなど、**日頃の準備があなたに採用をもたらします**。

また、面接に適したヘアスタイル（63ページ以降参照）や、眉毛を整える、ひげを整えることも日々のお手入れでできることです。カメラはあなたの顔を大きく映し出します。細かいところにも気を配りましょう。

8

質疑応答もメンテナンスしておこう

2020年は東京オリンピックを開催する予定でしたが、残念ながら延期になってしまいました。そんな状況でも、オリンピック代表選手は、出場する競技に向けてトレーニングを積み重ねています。あなたはどうでしょうか。面接に向けて日々トレーニングを積み重ねていますか。

実は、**面接が苦手な人ほど面接のトレーニングをしていません**。面接で採用をつかみ取るには、質疑応答のメンテナンスは何よりも大切です。とはいえ、ひとりでトレーニングを続けるのは苦痛ですよね。そんな人には、次のステップで自主トレをしてみてはいかがでしょうか。

①面接官の想定質問を録音する（あるいは紙に書いておく）

②スマホを固定し、録画の準備をする
③質問を録画した音声を流すか、紙に書いたものを自分で読む
④質問に対して回答する
⑤録画したものを振り返り、「できた点」「改善点」などを紙に書き出す

※以下は⑤で使用するフィードバックリストのサンプルです。

【ウェブ面接　フィードバックリスト】

振り返り項目	点数（1＝できない、5＝できた）				
座り方、姿勢が堂々としている	1	2	3	4	5
カメラ越しに清潔感が伝わっている	1	2	3	4	5
お辞儀がきちんとできている	1	2	3	4	5

声のトーンが聞きやすい	1	2	3	4	5
抑揚があり気持ちが伝えられている	1	2	3	4	5
自分の伝えたいことが自然に言えている	1	2	3	4	5
キーワードを忘れることなく言えている	1	2	3	4	5
操作がスムーズにできている	1	2	3	4	5

この5つのステップで一番大切なのが⑤の振り返りです。

このときによくあるのが**「全然ダメだ～」といって自分の状況に向き合おうとしないこと**です。これでは、トレーニングをした意味がありません。頑張った分だけ「よかった点」を見つけ、自己肯定感を上げましょう。

また、「改善点」は、次回どうすればよいか、具体的に書き出すことが重要です。なんとなくできたといった感覚だけでは成長しません。**「レベル2を3にするには何をする？」と、具体的な行動に落とし込みましょう**。

9 心のメンテナンスの基本は「感情のコントロール」

私たちが仕事をしていくためには、身体の健康も大切ですが、心の健康はもっと大切です。メンタルの不調で退職を余儀なくされている方も年々増えています。そうならないためにも、普段から心のメンテナンスを実践していきましょう。

就職活動をしていると、さまざまなことに感情が揺さぶられます。「不採用」の通知が届くと、気持ちも落胆しますよね。このつらい日々がこれからも続くのかと思うと、気持ちを立て直すのに相当な労力がいります。時には、誰かを恨んだり責めたくなったりするかもしれません。そんなとき、ぜひ実践してほしいのが「アンガーマネジメント」です。

アンガーマネジメントは、怒りの感情をコントロールするテクニックです。自分の理想と現実のギャップに、私たちはイライラしたり腹を立てたりします。「私、怒ってなんかいません」と思っている人も、この理想と現実のギャップの狭間で、もやもやしたり、気持ちが沈んだり、メラメラと妙な闘志が湧いたりします。

仕事が始まれば、このようなイライラはもっと増えることでしょう。いまのうちに、感情を上手にコントロールできるテクニックをマスターしておきましょう。

【アンガーマネジメントに関するするサイト】

・日本アンガーマネジメント協会　https://www.angermanagement.co.jp/

【深呼吸】

私たちがイライラしているとき、無意識に息を止めたり、逆に息が荒くなったりしています。そんなときにやってほしいのが「深呼吸」です。心の中にある悪い気を吐き、新鮮な空気を吸いましょう。深呼吸のしかたですが、「4秒で吸って、6秒で吐く」といったふうに**息を吐くことに重点を置くことが重要です**。また、「イライラしたときにやろう」と思っても、イライラしているときは、そんなこと忘れてしまっています。ですので、朝起きてする、夜寝る前にするといったように、日々の生活習慣の中でできるようにトレーニングをしておくとよいですね。

10 自分の意見を持つ

あなたは、自分を大切にしているでしょうか。あなたは、普段から自分の意見を持っているでしょうか。

就職活動をしていると、つい周りの意見に振り回されたり、応募先の無理な条件を受け入れたりしていることがあるかもしれません。果たして、それは自分を大切にしているといえるでしょうか。

大事なのは、自分の意見を通すということではなく、**自分の意見を持つ**ことです。自分の意見を持つことは、自分自身を承認することになります。**自分が自分を承認することで自己肯定感を高めることができます**。

また、普段から自分の意見を持つトレーニングをしていると、面接で急に準備していない質問をされたり意見を求められても、すんなりと回答することができるでしょう。

どんな小さな出来事でもかまいません。**ただ思っているだけでなく、その思いを言葉に出していってみましょう。**

「私は○○と思います」という言い方に慣れてくると、誰かを責める言い方からも脱却できますよ。

【自分の意見を持つ練習】

①相手の意見に耳を傾ける：相手が何をいっているのか、どのような背景でそう思うのか考えてみましょう。

②自分の意見に耳を傾ける：自分はどう思うのか、結論とその理由、思いなど自分の意見について思いをめぐらせましょう。

③自分の意見を紙に書いてみる：実際に紙に書き、自分の意見を整理しましょう。

④自分の意見を言葉に出してみる：紙に書いたものに抑揚をつけて読んでみましょう。相手の心情に訴えかける別の言葉があれば言い直してみるのもいいですね。

⑤周りの反応を見る：最後に、自分の意見に対して相手がどのように反応したか冷静に観察しましょう。

11 別の視点を持つ

あなたはポジティブ思考タイプですか。それともネガティブ思考タイプでしょうか。

以前は私もかなりのネガティブ思考タイプでした。書店には「ポジティブに考えよう！」といった内容の書籍がたくさん並んでいますが、そもそもそういった本さえも読みたくないほど落ち込んでいた時期もありました。それがいまでは、その思考から離れて、別の視点で物事を考えられるようになりました。

応募先から不採用通知が届くと、ものすごく落ち込みます。期待が裏切られます。そんなときは、とことん落ち込む時間も大切です。

落ち込んだときこそ、自分の気持ちに素直になり、ノートにこっそり自分の気持ちを書き出してみませんか。大事なのは「**書くこと**」です。

私たちは目の前の出来事に対して、さまざまな感情を持ちます。しかし、全員が同じ感情を持つわけではありません。あなたが抱く感情は、あなたのこれまでの経験がそうさせるのです。

とはいえ、あなたのこれまでの経験や抱く感情が悪いといっているのではありません。評価するのではなく、**まず自分の感情をすべて吐き出し、その吐き出した感情を自分自身でしっかりと受け止めることが大切なのです**。

「そんな自分がいるんだなあ」「無理もないよね」「よく頑張ったなあ」というふうに、**自分を受け止める時間を持つことは、自分を大切にする第一歩になります**。

次に、ほかの人が抱くであろう感情を少し想像して書き出してみます。できれば、少しポジティブな感情を想像してみるといいですね。

ポジティブな感情を持つと、あなたの行動はどのように変化するでしょうか。そんなふうに別の視点を持つことができれば、少しずつポジティブ思考にシフトし、あなたにとってよりよい行動に変わっていけそうな気がしませんか。

第8章

ますます広がる ウェブ面接

ここまでいかがだったでしょうか。

ウェブ面接を受けるにあたり、見た目はもちろんのことですが、あなたのよいところを伝える方法を身につけることができたのではないかと思います。

また、ウェブ面接に必須のパソコンの準備や基本的なスキルについてもご理解いただけたのではないでしょうか。

いずれにしても、これからの面接はウェブ面接が主流となり、ウェブ面接をスマートにこなせる者だけが仕事に就ける時代になると筆者は予測しています。

最終章は、そんなウェブ面接の導入事例、世の中の動向、そして未来の面接について考えてみたいと思います。

1 もう避けられない面接のオンライン化

2020年はコロナ禍によって、面接の非対面化があらゆる企業にとって喫緊の課題になりました。こうした背景から、ウェブ面接を急いで行う企業が急激に増えています。

2019年7月の日本経済新聞の記事によると、ウェブ面接の利用率はまだ2割程度とされていました。しかし、コロナ感染拡大で外出も自粛を余儀なくされ、オンラインでの就活をする人が大幅に増えています。

2021年に卒業予定の大学4年生、大学院2年生を対象に実施したアンケート調査によると、**約9割がウェブ上での面接でした**。

コロナの終息はいまのところ見通しがつきません。とはいえ、ウェブ面接の可能性や将来性を考えると、今後もウェブ面接を導入する企業はさらに増え続けることでしょう。そう遠くない未来、ウェブ面接がスタンダードになっているかもしれませんね。

2 ウェブ面接のメリット・デメリット

いまや9割の人がウェブ面接を行う時代です。この新しい面接のスタイルには、いったいどんなメリットやデメリットがあるのでしょうか。

〈ウェブ面接のメリット〉

- 面接会場までの交通費がかからない
- 移動時間がかからない
- より多くの面接にチャレンジできる
- 自宅なので緊張感が減少する

〈ウェブ面接のデメリット〉

・会社の雰囲気がわかりづらい
・通信環境に不安がある
・ウェブ面接で自分らしさを発揮できるか心配
・正しく評価してもらえるのか不安

経費の削減やスケジュール調整がしやすいといったメリットがある一方で、本当の自分がちゃんと伝わっているか、自分を理解してもらえているかといった、面接の本質的な部分に不安を覚える人が多いようです。

私たちはコロナウイルスの影響で、これまでの生活を大きく変えざるをえない時代の転換期に立たされているのは事実です。私たちは、新しい時代に、新しいスタイルに慣れていく最初のチャレンジャーなのかもしれませんね。

3

採用担当者はどう思っている？

実際のところ、戸惑っているのは応募者ばかりではありません。面接官もまた否応なしにウェブ面接への転換を迫られています。

もしかしたら、面接官のほうがもっと大変なのかもしれません。面接官は、応募者と直接会い、応募者の言動や雰囲気からその人を見極め、会社の未来を担う人を選ばなければなりません。もし、その判断を間違えば、会社に大きな損失を与えかねません。

なかでも、長い間、面接官を務めてきたベテランの人ほど、ウェブ面接への転換には抵抗があるようです。ＩＴやＡＩといったものが介入することで、本当に応募者のことを見極められるのか、と不安に感じている面接官もいます。

そんな面接官に対して、あなたができることはただひとつ、**自分らしさをしっかりと面接官に伝えることなのです**。

4 世界的企業や自治体での取り組み

ウェブ面接は、企業にもさまざまなメリットをもたらしています。ここでは、企業がウェブ面接をどのように運用しているかについて、いくつかの事例に基づいてお話ししたいと思います。

A社は業界第1位の世界的企業で、日本最大級の面接を行っています。例年、数万人のエントリーを書類審査で絞り込み、5000人の一次面接を3日間で完了させています。

2020年には5000人の面接をオンラインで実施しました。この会社では9時から300人の面接官が同時にログインし、2人1組で150の面接ルームを並行運用することで、1日に1500人の面接をこなし、3日間で計4500人の面接を無事完了することができました。

ちょっと想像もつかない規模ですね。いちいち面接のたびに出国するなんてことは現実的ではありませんし、本社がアメリカで支社が日本という場合、わざわざアメリカまで行くのもかなりの交通費がかかりますから、世界を股にかける企業にとってウェブ面接はとても合理的な方法です。

では次に、国内に目を向けてみましょう。全国的な人手不足のなかで、いかに優秀な人材を確保していけばよいのか。この問題は企業だけでなく、多くの自治体にとっても大きな課題になっています。

こうしたなか、宮崎県都城市は、全国の自治体でも早期にウェブ面接を取り入れました。面接を受けるため、羽田空港から都城市まで行こうとすると、飛行機や電車を乗り継いで、時間にして片道3時間30分、交通費は約4万5000円もかかります。それだけではありません。面接の時間によっては日帰りをすることもできず、宿泊費もかかります。

当時の都城市長が「デジタル面接を導入し、受験していただくみなさんの時間や費用負担の軽減を図りたい」と考え、ウェブ面接の導入に至りました。

ウェブ面接では、事前の質問に対して受験者が回答を録画して提出する方式もあるので、時間や場所を問わず面接が受けられます。**時間や交通費をかけず、就職・転職のチャンスが増えるのは、応募者にとっても面接官にとってもメリットは大きいですね。**

5

ウェブ面接経験者に聞いた実際の感想

すでにウェブ面接を受けた人の感想について、いくつかご紹介します。なお、伝えたい趣旨はそのままに、文章については少し修正をしていますので、ご了承ください。

〈20代女性〉

ウェブ面接はとても素晴らしいです。私が応募した企業のアプリは、本番前に何度も練習をすることができるものでした。うまくできたかどうかはわかりませんが、自分の話し方や目線などが練習のなかで改善できたので、本番には全力で臨めました。

〈30代男性〉

最初はとても緊張しましたが、難しい操作があるわけではないので、対面の面接を受けているみたいでした。とくに違和感はありませんでした。

〈20代女性〉

ある面接では、回線がまったくつながりませんでした。つながったと思ったら、また切れることが何度も続き、面接に集中できずグダグダになりました。

〈20代男性〉

時間とお金がないので、受かる自信がないと気軽に応募しにくかったのですが、ウェブ面接だと好きなときにエントリーできるのでよかったです。面接時間も担当者とメールでやりとりして決められて便利です。自宅で面接をしたせいかリラックスして臨めました。

〈30代女性〉

何度試してもアップロードできません。結局、選考に進めませんでした。アプリに問題があるようです。

6

リモート時代、自己アピールがさらに重要に

企業に就職するためには、大きな関門が2つあります。「応募書類」と「面接」です。応募書類は、事前にじっくりと考えて、見栄えのよい書類に仕上げて郵送することができます。しかし、面接となると、そうはいきません。

どんな質問にも臨機応変に対応できる対応力や柔軟性、話をまとめる要約力、わかりやすく伝える文章構成力、信頼関係を築くコミュニケーション力など、さまざまな力が試されます。

最近では、自己アピール動画を求める企業も増えています。ありのままの自分をさらけ出すことが一番よいのですが、それでも私たちは「受かるための〝ありのままの自分〟は」を考えてしまいがちです。

これからは、**動画で自分らしさをアピールすることが当たり前の時代**になりそうですね。

7 ウェブ面接はアセスメントと連携するようになる

アセスメントという言葉を聞いたことがあるでしょうか。

性格診断テストや適職診断テストなど、人の性格、傾向、得意分野や適職は何かといったことを測るツールを総称したものがアセスメントです。

面接は、客観性や公平性を求められる場です。しかしながら、いくら客観性や公平性を保とうと思っても、応募書類と面接官の見立てだけでは、人間の持つ先入観やバイアスを100％避けることはできません。そこで、より客観的で公平なジャッジをするために、多くの企業はアセスメントを取り入れるのです。

最近は、まるでゲームのようなインターフェースで受けられるものもあります。

将来はウェブ面接システムにアセスメントが組み込まれ、あなたの適性が測られる時代になるかもしれません。

8
AIが面接をする時代へ

パソコン（パーソナルコンピューター）は、1970年代に誕生しました。1995年にはWindows95が発売され、パソコンは劇的に進化しました。今日までわずか25年間で進化したのはパソコンだけではありません。インターネット、スマートフォン、有線・無線のブロードバンドなど、いわゆる「デジタル革命」は、世の中のしくみを変え、私たちの生活や考え方、文化にも大きな影響を与えてきました。

そして、このデジタル革命をこれから牽引《けんいん》していくのが、AI（人工知能）です。現在、私たちが行っている知的作業も、AIが瞬く間に処理してしまうことでしょう。すでにAIによるウェブ面接の開発は進んでいます。聞くところによると、「その笑顔はつくられた笑顔か、本物の笑顔か」といったことまで、AIが判断できるようになるのだとか。

また、録画された面接映像も、近い将来、AIが判定するようになるのではないかと注目されています。

録画データは蓄積されます。そのデータとすでに入社した従業員のコンピテンシーとのすり合わせによって、ＡＩによる判断は加速度的に精度が向上していくでしょう。

それに加えて、それらの蓄積データは採用基準のスタンダードとなり、応募者が採用を勝ち取るために、どの方向に向けて頑張ればよいかの指針にもなっていくことでしょう。

コロナの感染拡大は、私たちの日常を大きく変えました。しかし、ＩＴやＡＩの技術がここまで進んでいたから、そう大きく生活を後退させずにすんだといえるのかもしれません。**ニューノーマルの時代に合わせて、〝変幻自在〟に変化できる者だけが、次のステージに行けるのではないでしょうか。**

いずれにしても、私たち人間が、ＡＩによって採用か不採用かをジャッジされる時代がもうそこまでやってきています。そのような未来が、私たちにとって幸せかどうかはわかりませんが、そんな時代が来たとしても、企業に必要とされ、面接で採用される人間でありたいですね。

付録 最後に確認！ 面接直前のチェックポイント20

さあ、ここまで面接の準備ができたら、あとは全力投球あるのみ！
最後に、面接直前のチェックポイントを確認しましょう。

□スマホの充電は100%チャージできている。
□パソコンは電源コードに繫いでいる。
□スマホは動かないように固定されている。
□インターネット回線は異常なし。
□ウェブ面接アプリはダウンロードできている。
□家族に静かにしてもらえるよう頼んだ。
□部屋は面接ができるように整理した。
□カメラの位置は視線か視線より上の位置に設置できている。
□マイクテストは完了した。
□スーツにしわ、ほころび、しみは見当たらない。
□髪型は爽やかに決めている。
□ひげは整えられている。ナチュラルメイクができている。
□カメラテストで笑顔になっている。
□背筋がピンと伸びた座り方ができている。
□メモの準備ができている。
□「（名前）です。どうぞよろしくお願いいたします」をはつらつといえる。
□深呼吸を３回した。
□伝えたいキーワードを把握できている。
□面接がうまくいくイメージができている。
□応募先企業の緊急連絡先を確認できている。

おわりに

私は現在、就職支援講座で求職者の支援を行っています。面接対策でみなさんが難しいと嘆いているのが、志望動機や自分の強みについての伝え方です。講座では、事前にどんなことを伝えるかを書いてもらうのですが、それぞれ志望動機も強みも違いますから大変です。自分らしい志望動機を伝えるにはどうすればいいの？　私も求職者のみなさんと共に悩みました。そのなかで思いついたのが、構造的に文章を組み立てることです。

参加者のAさんは、これまで面接の場で自分らしい志望動機をうまく伝えることができませんでした。そんなAさんにこの方法をお伝えすると、「私でもこんなふうに自分らしい志望動機を伝えることができた！」と誇らしげな表情で喜んでくださいました。また、Bさんは真面目な性格から、事前に考えた志望動機を一字一句しゃべってしまう癖があり、いつも棒読みでした。そんなBさんに棒読みにならない暗記方法をお伝えしたところ、とても自由で感情があふれるように志望動機を語ることができたのです。

そんなみなさんから私が教わったのは、「できないんじゃない。方法を知らなかっただけ」ということ。方法を知り、それを実践すること。そして何度もチャレンジして感覚を研ぎ澄ましていくプロセスこそが成長のステップなのだと確信しました。

面接はとても緊張します。うまくいかないときはへこみます。そんな人にぜひ本書を手に取ってもらいたいと思います。今回、面接の応答テクニックに加え、最近急激に増加したウェブ面接に関する情報もふんだんに盛り込みました。面接だけでも大変なのに、さらにパソコンやスマホを使わないといけないだなんて負担が大きすぎますよね。それでも、あなたが笑顔で余裕を持って面接を受けられるように、との願いを込めて書き上げました。

執筆にあたり、ウェブ面接に関する専門的な情報や「ハイアービュー」の具体的な使用法について多くのアドバイスをいただきましたタレンタ株式会社の中村究《とおる》様には、心より感謝申し上げます。

2021年3月

中園久美子

［著者］

中園久美子（なかぞの・くみこ）

キャリアクレッシェンド代表。キャリアコンサルタント、講師。これまでカウンセリングを行った人数は1万人以上。専門学校卒業後、大手通信会社勤務を経てパソコン講師として活動。しかし、子育てや夫の転勤により、何度も転職を余儀なくされる。転職活動のたび、さまざまな経験をするなか、キャリアコンサルタントに転身。現在はキャリアコンサルタントとして多くの面接指導を行っている。行政機関や高校、大学でも面接指導を実施。

これまで、「どんな服装がいいのかわからない」「緊張でうまくしゃべれない」といった相談者にアドバイスをしたところ、採用される人が続出。転職を繰り返して自信を失っている人に、面接官は何を見てジャッジするのか気づいてもらい、面接スキルを高めている。

近年のWEB面接の増加から、オンラインに特化した指導も行っている。また、企業から面接官の依頼も増え、多くの応募者を面談している。著書に『それでも書類選考で落とされない履歴書・職務経歴書の書き方』（日本実業出版社）がある。

【完全攻略】オンライン・WEB面接

——「リアルじゃない」を武器にする内定獲得ノウハウ86

2021年4月20日　第1刷発行

著　者——中園久美子

発行所——ダイヤモンド社

〒150-8409　東京都渋谷区神宮前6-12-17

https://www.diamond.co.jp/

電話／03･5778･7233（編集）　03･5778･7240（販売）

ブックデザイン—二ノ宮匡（ニクスインク）

イラスト——Kip

DTP————荒川典久

校正————久高将武

製作進行——ダイヤモンド・グラフィック社

印刷／製本—三松堂

編集担当——田口昌輝

ISBN 978-4-478-11322-6